U0798437

“十三五”国家重点出版物出版规划项目—凉山少数民族地区脱贫攻坚模式研究丛书

凉山少数民族地区扶贫队伍建设研究

王桂胜◎著

中国工人出版社

图书在版编目（CIP）数据

凉山少数民族地区扶贫队伍建设研究 / 王桂胜著.
—北京：中国工人出版社, 2020.12
ISBN 978-7-5008-7568-0

Ⅰ. ①凉… Ⅱ. ①王… Ⅲ. ①民族地区—扶贫—研究—凉山彝族自治州 Ⅳ. ①F127.712

中国版本图书馆CIP数据核字(2020)第245582号

凉山少数民族地区扶贫队伍建设研究

出 版 人	王娇萍
责任编辑	罗荣波　许小凡
责任印制	栾征宇
出版发行	中国工人出版社
地　　址	北京市东城区鼓楼外大街45号　邮编：100120
网　　址	http://www.wp-china.com
电　　话	（010）62005043（总编室）　（010）62005039（印制管理中心） （010）62382916（工会与劳动关系分社）
发行热线	（010）62005996　82029051
经　　销	各地书店
印　　刷	北京美图印务有限公司
开　　本	710毫米×1000毫米　1/16
印　　张	13
字　　数	170千字
版　　次	2020年12月第1版　2020年12月第1次印刷
定　　价	68.00元

本书如有破损、缺页、装订错误，请与本社印制管理中心联系更换
版权所有　侵权必究

前　言

2018年2月11日，习近平总书记深入凉山少数民族地区考察脱贫攻坚，指出要进一步加大对凉山的扶贫力度，扎扎实实推进脱贫工作，要让各族人民都过上幸福美好的生活，全面小康路上不能忘记每一个民族、每一个家庭。

2018年2月14日，时任四川省委书记王东明先后主持召开省委常委会会议、全省领导干部大会，专题传达学习习近平总书记来川视察重要讲话精神并作出安排部署，提出明确要求。同年3月15日，王东明同志在《求是》杂志发文指出，要切实把总书记关怀厚爱和殷切希望转化为推动治蜀兴川再上新台阶的具体行动和实际成效。锁定“两不愁、三保障”，聚焦藏区彝区深度贫困地区，牢牢把握精准要求、下足“绣花”功夫，坚决打赢精准脱贫攻坚战。

2020年10月12日至16日，四川省委书记彭清华前往凉山州调研时指出，要坚定贯彻习近平总书记关于扶贫工作重要论述和对四川工作系列重要指示精神，全面落实党中央和省委部署要求，以高度的责任感使命感，咬定目标全力冲刺，查漏补缺提升质量，坚决夺取脱贫攻坚收官之战全面胜利，确保如期全面建成小康社会。

凉山少数民族地区是“三区三州”深度贫困地区的重点地区之一，也是全国决战决胜脱贫攻坚的重点区域之一，当地生存环境恶劣、基础交通不便、基础设施薄弱，扶贫脱贫工作难度较大，是影响全国夺取脱贫攻坚全面胜利的控制性因素之一，成为党和政府以及社会各界的关注重点。

为深入研究凉山少数民族地区脱贫攻坚实践，总结脱贫致富典型经验模式，中国工人出版社策划了“凉山少数民族地区脱贫攻坚模式研究丛书”，从党建引领与脱贫攻坚、产业扶贫与可持续发展、特色旅游产业扶贫、扶贫队伍建设等角度出发，研究破解深度贫困之策。中国少数民族经济发展协同创新中心（省部共建）对丛书项目策划给予重要的智力支持，中国少数民族经济发展协同创新中心、西南大学、四川农业大学、中共凉山州委党校等研究机构的学者负责相关主题的研究写作工作。2018 年 9 月，“凉山少数民族地区脱贫攻坚模式研究丛书”入选“十三五”国家重点出版物出版规划项目。

曾经一步跨千年，而今跑步奔小康。凉山少数民族地区脱贫工作取得的成就充分彰显了中国共产党打赢脱贫攻坚战的坚定信心。然而，贫困是世界性难题，要使凉山少数民族地区脱贫后可持续发展，不仅要总结深度贫困地区当前脱贫攻坚实践，更要切实提升扶贫内生动力。本丛书的出版对于推动减贫战略和工作体系平稳转型具有重要的借鉴意义，也有利于丰富我国全面建成小康社会理论研究，必将为新时代出版领域再添亮丽一笔。

目　录

第一章

凉山少数民族地区扶贫工作特点

第一节　凉山扶贫攻坚基本情况

凉山地区是我国最大的彝族聚居区，位于四川省西南部，幅员 6.04 万平方公里，包括 16 个县 1 个市（安宁河谷地区 6 县市为汉族和少数民族杂居区，大凉山区域 10 个县为彝族聚居区，木里县是全国仅有的两个藏族自治县之一），包含 340 个乡（民族乡 13 个）、128 个镇、15 个街道办事处、135 个社区、3724 个行政村，有彝、汉、藏、回、蒙等 14 个世居民族，总人口 530.96 万人，其中彝族人口占 53.89%。1935 年，中央红军长征过凉山，彝海结盟在中国革命史上写下光辉一页，成为党的民族政策实践的开篇典范。1950 年，凉山解放；1952 年，成立凉山彝族自治州；1956 年，实行民主改革，进入社会主义社会；1978 年，与原西昌专区合并成立新的凉山彝族自治州，州府设在西昌市。

凉山彝族自治州是攀西国家战略资源创新开发试验区的核心区，清洁能源资源、生态旅游资源、绿色农业资源、民族文化资源、矿产资源等五大优势资源富集度高、组合性好，开发潜力巨大。这些优势资源为凉山州未来产业开发和经济发展奠定了坚定的基础。

由于受资源禀赋、地理环境、区位条件和历史文化等因素的制约，凉山彝族自治州一直是经济社会欠发达地区。凉山彝族自治州是国家“三区三州”深度贫困地区之一和全国典型的深度贫困地区。由于自然、社会、历史等原因，生产力发展水平低下与社会发展进程滞后、落后发展基础与特殊社会问题、物质贫困与精神贫困等问题叠加交织，作为全国“三区三州”深度贫困地区之一，可以说是我国典型的区域性整体深度贫困样本之一。改革开放以来，我国大力推进扶贫开发，特别是伴随着《国家八七扶贫攻坚计划》《中国农村扶贫开发纲要（2001—2010 年）》的顺利实施，扶贫事业取得了巨大成就。但由于我国经济社会发展总体水平不高，制约贫困地区发展的深层次矛盾依然存在，特别是连片特困地区的扶贫攻坚任务仍十分艰巨。为了解决扶贫难点、补上“短板”，2013 年，四川省顺势而为，在 88 个县启动实施“四大片区扶贫攻坚行动”。四川省坚持分类指导，突出重点，因区施策，合力并举，以“四大片区”为主战场，开展基础、产业、新村、能力和生态“五大扶贫工程”，构建大扶贫格局，开创扶贫攻坚新局面。凉山彝族自治州在实施大小凉山综合扶贫开发的基础上，启动彝家新寨建设、乡村道路畅通和大交通建设、农田水利建设、教育扶贫提升、职业技术培训、特色产业培育、农业新型经营体系构建、产业发展服务、卫生健康改善、现代文明普及等“十项扶贫工程”，累计完成投资 74.04 亿元，实现减贫 12.9 万人。

2014 年，按照国家精准识别要求，全州通过识别纳入全国信息系统的贫困村共 2072 个（贫困发生率在 20% 以上的共 1350 个，其中 50% 至 80% 的 383 个，80% 以上的 71 个），建档立卡贫困人口 88.1 万人，贫困发生率 19.8%；11 个民族聚居县均为深度贫困县，有贫困村 1821 个，建档立卡贫困人口 75.2 万人，贫困发生率 29.3%。通过历年动态调整，全州系统内建档立卡贫困人口达 97.5 万人。截至 2018 年底，还有深度贫困县 11 个、贫困村 618 个、贫困人口 31.7 万人，分别占全省的 28.9%、34.7%、44.6%，其中贫困发生率高于 20% 的贫困村有 557 个，属于贫中之贫、困中之困、坚中之坚，脱贫攻坚任务十分艰巨。①

近年来，凉山州以习近平新时代中国特色社会主义思想为指导，深入贯彻习近平总书记视察凉山重要讲话指示精神，认真落实党中央、国务院和省委、省政府决策部署，始终把脱贫攻坚作为最大的政治责任、最大的民生工程、最大的发展机遇，以脱贫攻坚统揽经济社会发展全局，全力打好“三大攻坚战”，统筹推进稳增长、促改革、调结构、惠民生、防风险工作，全州经济稳健发展、民生持续改善、民族团结和睦、社会和谐稳

---

① 数据来源：2019 年凉山州政府工作报告［N］. 凉山日报，2019 年 1 月 30 日.

定。2018 年，全州实现地区生产总值 1533.2 亿元，增长 4%，一般公共预算收入 146.2 亿元，增长 8.7%。2014 年以来，全州累计脱贫 65.94 万人，退出贫困村 1454 个，贫困发生率从 2014 年的 19.8% 降至 2018 年的 7.1%，脱贫攻坚总体任务完成 70%。2019 年是凉山经受重大考验、砥砺奋进的一年。面对脱贫攻坚任务艰巨繁重、经济下行压力持续加大、多种矛盾困难相互叠加的严峻复杂局面，全州上下深入学习贯彻习近平总书记重要指示，牢记总书记的关怀嘱托，聚焦聚力脱贫攻坚"头等大事"、转型发展"第一要务"，接力奋斗、感恩奋进，用汗水浇灌收获，以实干笃定前行，全年实现地区生产总值 1676.3 亿元，地方一般公共预算收入 153.6 亿元，圆满完成 318 个贫困村退出、14.2 万贫困人口脱贫年度任务，雷波、甘洛、盐源、木里 4 个县退出贫困县序列，全州累计退出贫困村 1772 个，减贫 80.14 万人，贫困发生率降至 4%，呈现经济稳定增长、民生持续改善、各民族团结和睦、社会和谐稳定的良好局面。[①]

第二节　凉山扶贫工作面临的新形势

一、我国整体经济增长速度放缓

我国经济从 1978 年到 2011 年，在长达 32 年的时间里保持了年均 9.78% 的高速增长。但是，自 2012 年以来，我国经济增长速度开始放缓，2012 年至 2017 年，国内生产总值分别增长 7.7%、7.7%、7.4%、6.9%、6.7%、6.9%。[②] 由此可以看出，经济由高速增长向中高速增长转换是一个客观事实。经济高速增长非常有利于国家开展扶贫脱困工作。一方面，不仅使贫困

① 数据来源：2020 年凉山州政府工作报告［N］. 凉山日报，2020 年 6 月 8 日.

② 数据来源：国家行政学院经济学教研部. 中国经济新方位［M］. 北京：人民出版社，2017 年 2 月；国家统计局. 2018 年中国统计年鉴［M］. 北京：中国统计出版社，2018 年 9 月.

人口直接从经济增长中获益，如容易从外出就业、农产品销售等方面获得收入的增加，从而实现脱贫目标；另一方面，国家经济高速增长，投资能力较强，对贫困地区的投资增加，带动整个地区脱贫。同时，国家也有更多的资金用于救济、援助等社会福利方面的扶贫工作，有利于东部带动西部经济发展，先富带后富，共同携手实现脱贫致富。

近年来，凉山州国民经济基本实现平稳增长。2014 年，凉山州 GDP 为 1314.3 亿元；2015 年，GDP 为 1314.7 亿元；2016 年，GDP 为 1403.92 亿元。2016 年，凉山州 GDP 增速 6.0%，2017 年，GDP 达到 1480.91 亿元，增长 5.3%。其中：第一产业增加值为 296.52 亿元，增长 3.8%，对经济增长的贡献率为 14.5%；第二产业增加值为 621.88 亿元，增长 5.0%，对经济增长的贡献率达到 39.1%；第三产业增加值为 562.51 亿元，增长 6.5%，对经济增长的贡献率为 46.4%。人均 GDP 达到 30669 元，比 2016 年增长 3.7%。2018 年，凉山实现地区生产总值 1533.2 亿元，增速为 4.0%。产业结构调整后，科技创新取得新进展，高新技术产业总产值达 194.8 亿元，增长了 2.8 倍，科技对经济增长的贡献率达 47.1%。2018 年，凉山的财政收支增长稳定，一般公共预算收入为 146.2 亿元，增长 8.7%，其中税收占比提高 2 个百分点。一般公共预算支出为 681.4 亿元，增长 42%，规模居全省第二位。① 总体而言，随着凉山州产业结构的调整，近几年来凉山地区生产总值的增速有所下降。

二、贫困标准上调引致扶贫对象大幅增加

我国 2009 年和 2010 年的农村贫困标准分别是 1196 元和 1274 元。按照“十二五”规划有关要求，2011 年，国家将贫困标准上调到 2300 元，比 2010 年 1274 元的扶贫标准提高了 80.5%。② 对于一般地区而言，贫困

---

① 数据来源：2014—2018 年凉山州国民经济和社会发展统计公报［R］. 凉山州统计局官网，2019，02.

② 数据来源：吴芳，尹德志. 系统论视角下的中国农村贫困问题解读［J］. 世界农业，2015（2）.

标准的上调意味着扶贫对象发生重大变化，农村大量的低收入人群被纳入了扶贫范围。对于四川凉山州等深度贫困地区来说，贫困标准的上调，不仅大幅度地扩大了扶贫范围；同时提高了脱贫门槛，增加了扶贫难度，原来可以脱贫并且能帮助贫困的家庭，也再次回到了扶贫对象中。边疆少数民族地区农村脱贫基础薄弱，脱贫水平低，要实现更高水平的脱贫目标确实比较困难。

三、脱贫成本和脱贫难度增加使减贫速度趋缓

目前四川凉山州地区财力薄弱，基础设施瓶颈制约依然明显；产业发展活力不强，结构单一，环境约束趋紧，粗放式资源开发模式难以为继；贫困人口就业渠道狭窄，转移就业和增收难度大。贫困人口群体思想文化落后，居住比较分散，导致扶贫难度和成本随之增加。根据中共中央、国务院印发《中国农村扶贫开发纲要（2011—2020 年）》所提倡的产业扶贫、就业扶贫、科技扶贫，以及教育扶贫、生态扶贫、易地扶贫搬迁等，采取这些方式，对四川凉山州等地区扶贫脱困来讲，一方面实施成本较高；另一方面作用发挥没有其他地方那么明显。比如产业扶贫，四川凉山地区的基础设施比较落后、交通条件比较差、劳动力素质比较低，远离内地市场，招商引资比较难，产业发展难度较大，企业盈利能力也比较弱，扶贫效果比较有限。再如劳务输出扶贫，由于受当地较为偏僻封闭的环境影响，当地居民接受教育较少，也不愿外出务工，再则一些人员能力差，劳务输出扶贫的效果也不明显。

四、农村低收入人口脱贫不稳定，容易出现返贫现象

目前四川凉山州地区很多下辖县都是国家深度贫困地区，由于产业发展底子薄、受教育程度比较低、科技比较落后等因素，不仅扶贫难度非常大，而且脱贫的方式比较简单。相当一部分贫困人口是通过社会福利、补贴救济等方式，基本能达到国家规定的最低脱贫线，脱贫的根基脆弱，抵

御风险能力还很薄弱，一旦遇到自然灾害、市场风险，或者是娶、病、丧等，往往会使这些刚刚脱贫的人口再次陷入贫困，“因灾返贫、因病返贫、因学返贫”现象十分普遍。近年来，四川凉山州地区农村返贫现象时有发生，特别是分布在自然条件恶劣、自然灾害频发地区的贫困人口返贫率较高，防止返贫的任务艰巨。

五、贫困人口的流动性易增加扶贫难度

在当前城镇化加速发展下，农村贫困人口不断向城镇流动，而且成为常态化，农村贫困人口散布于城镇，当出现就业困难时，将成为流浪者，我国的贫困问题将由农村贫困人口为主转变为农村贫困和城镇贫困并存。对贫困人口的建档立卡的难度将大大增加，扶贫针对性将减弱，对于流浪于城镇的贫困人口，产业扶贫、科技扶贫以及“四个一批”等扶贫措施都很难有效实施，无形中增加了扶贫的难度。

第三节　凉山扶贫工作面临的新要求

一、党中央关于打赢脱贫攻坚战的目标和要求

中共中央、国务院印发的《关于打赢脱贫攻坚战的决定》(中发〔2015〕34 号）明确了脱贫攻坚战的总体目标是，到 2020 年，稳定实现现行标准下农村贫困人口不愁吃、不愁穿，义务教育、基本医疗和住房安全有保障。实现贫困地区农民人均可支配收入增长幅度高于全国平均水平，基本公共服务主要领域指标接近全国平均水平（简称“两不愁、三保障、一接近”)。如果按照“两不愁、三保障、一接近”的脱贫目标要求，不仅要满足贫困群众吃、穿等基本生活需求，还要在教育、医疗、住房方面使其得到保障，这意味着不仅要解决贫困户最基本的生存需要，而且还将解决其部分发展需

要。吃、穿等硬指标容易达到要求，但是教育、医疗和住房等软指标则很难实现统一的水平，这给新时期的扶贫攻坚任务带来了巨大的挑战。但是，党中央把打赢脱贫攻坚战、实现脱贫目标提高到了很高的水平，既是我们党立下的军令状，也作为党和国家近两年必须完成的任务。党中央明确提出，确保到2020年现行标准下农村贫困人口实现全部脱贫，是促进全体人民共享改革发展成果、实现共同富裕的重大举措，是促进区域协调发展、跨越“中等收入陷阱”的重要途径，是促进民族团结、边疆稳固的重要保证，是全面建成小康社会的重要内容，是积极响应联合国2030年可持续发展议程的重要行动，事关人民福祉，事关党的执政基础和国家长治久安，使命光荣、责任重大。

2018年，中共中央、国务院印发的《关于打赢脱贫攻坚战三年行动的指导意见》（以下简称《意见》）更进一步明确提出，党的十九大明确把精准脱贫作为决胜全面建成小康社会必须打好的三大攻坚战之一，进一步明确了扶贫工作的执行标准：要严格按照“两不愁、三保障、一接近”要求，确保贫困人口不愁吃、不愁穿；保障贫困家庭孩子接受九年义务教育，确保有学上、上得起学；保障贫困人口基本医疗需求，确保大病和慢性病得到有效救治和保障；保障贫困人口基本居住条件，确保住上安全住房。同时也指出，西藏、四省藏区、南疆四地州和四川凉山州、云南怒江州、甘肃临夏州等深度贫困地区，由于基础条件薄弱、致贫原因复杂、发展严重滞后、公共服务不足，实现扶贫目标难度更大。要把脱贫攻坚战场作为培养干部的重要阵地，强化基层帮扶力量，提高干部干事创业本领，培养了解国情和农村实际的干部队伍。将产业扶贫纳入贫困县扶贫成效考核和党政一把手离任审计。《意见》把提高脱贫质量放在首位，通过发展产业、对接市场、安置就业等多种方式帮助贫困户脱贫。明确提出要更加注重帮扶的长期效果，夯实稳定脱贫、逐步致富的基础。加大产业扶贫力度、全力推进就业扶贫、深入推动易地扶贫搬迁等，强化到村到户到人精准帮扶举措。

二、以习近平同志为核心的党中央提出实现全面脱贫的要求

党的十八大以来，以习近平同志为核心的党中央把扶贫开发摆到治国理政的重要位置，提升到事关全面建成小康社会、实现第一个百年奋斗目标的新高度，纳入“五位一体”总体布局和“四个全面”战略布局进行决策部署。习近平总书记指出，摆脱贫困，为广大人民群众谋幸福，是我们党和国家推动发展的根本目的。党中央提出了到2020年现行标准下农村贫困人口实现全部脱贫的庄严承诺。我国在扶贫攻坚工作中采取的重要举措，就是实施精准扶贫方略，找到“贫根”，对症下药，靶向治疗。全党全社会要再接再厉、扎实工作，坚决打赢脱贫攻坚战，在全面建成小康社会的征程上不断创造新的业绩。李克强总理也指出，打赢脱贫攻坚战，是保障全体人民共享改革发展成果、实现共同富裕的重大举措。摆脱贫困，为广大人民群众谋幸福，支持关心基层扶贫工作者工作生活，进一步凝聚全社会力量，奋发进取，实干苦干，确保贫困群众如期实现脱贫，为实现全面建成小康社会奋斗目标作出更大贡献。要注重精准扶贫与经济社会发展相互促进，注重脱贫攻坚与实施乡村振兴战略相互衔接，注重外部帮扶与激发内生动力有机结合，推动实现贫困群众稳定脱贫、逐步致富，确保三年如期完成脱贫攻坚目标任务。为圆满完成党中央要求，凉山州在党中央的关心支持和领导下，在兄弟省市的全力支持下，将群策群力、全力以赴完成脱贫攻坚任务。

三、全面建成小康社会的宏伟目标对扶贫开发提出了新要求

2000年，我国已经基本实现了总体小康；到2020年，我国将实现全面建成小康社会的目标，精准扶贫是全面建成小康社会、实现中华民族伟大复兴中国梦的重要保障。习近平总书记多次强调，消除贫困、改善民生、实现共同富裕，是社会主义的本质要求；没有农村的小康，特别是没有贫困地区的小康，就没有全面建成小康社会。扶贫工作的重要意义在于

帮助贫困地区人民早日实现中国梦。实现扶贫目标，贫困人口的收入（城镇居民可支配收入和农村居民纯收入）、贫困地区的人均 GDP 应该达到 2000 年全国的人均收入及人均 GDP 水平。如果能够实现上述两个目标，我国就基本解决了绝对贫困人口和绝对贫困地区的贫困问题，从而为实现全面建成小康社会的宏伟目标奠定坚实的基础。因此，实现凉山州全面扶贫脱贫工作，任务十分艰巨。

四、基本公共服务均等化要求扶贫政策与其他相关政策有效衔接

当前，国家不断推进基本公共服务均等化，这也对扶贫工作提出了新的要求，我国的扶贫工作将要由原来的专项扶贫向全方位扶贫进行转变，扶贫已不仅仅局限在政府扶贫行政职能部门一家，很多相关部门都在国家推进基本公共服务均等化的要求下参与了扶贫工作。如现在的农村低保、新农合、农村饮水安全、村村通道路建设、新农村建设等都涵盖了原来扶贫工作的很多内容。今后的扶贫开发，需要更好地与国家和地方的相关政策衔接，形成政策合力，在实现贫困人口脱贫致富的关键领域发挥重要的引导作用。对凉山州等地区的扶贫，也要与凉山这些地区的对口支援政策、项目和工作相对接，实现对口支援和扶贫统筹一致、一盘棋、一体化。

第四节　凉山实现产业合作发展的需求

一、凉山地区与对口支援地区在资源上具有互补性

凉山和省内外对口支援地区在资源上具有非常大的差异性，同时又具有很强的互补性。凉山拥有丰富的能源资源、矿产资源、农业资源，不仅是国家重要的战略资源开发基地，也是重要的清洁能源资源开发基地。

对口支援凉山的其他地区人口量大，具有巨大的农产品消费市场。凉山与对口支援地区在资源上有很强的互补性，在产品生产销售市场上有很大的对接性。援受两地实现资源共享，能为凉山经济发展提供坚实的物质基础，也能带动对口支援地区的经济发展。

二、对口支援地企业有与凉山地区精准对接的需求

根据东西部对口援助协作精神，中央安排对口支援地一般是经济发达地区，资金、人才、技术、企业等资源都比较丰富，但原材料相对比较缺乏，劳动力成本比较高，对口支援地区企业有到外地建设基地、分支机构获得原材料和劳动力资源的需求。凉山作为贫困地区，是深度贫困和经济相对落后的地区，资金、人才、技术、企业都相对较少，有招商引资、引入人才和技术的强烈渴望。如果在凉山和对口支援地之间搭建好平台，解决好资金、人才、技术等资源流动的障碍因素，推动企业从对口支援地向凉山“流动”，对凉山经济发展和推动贫困地区扶贫脱困都具有非常大的推动作用。

三、凉山地区和对口支援地区都有经济合作的需求

随着对口支援地区经济和城镇化发展，土地、水等资源日益紧缺，生态环境加速恶化，这一切必须通过区域经济的整合与发展来维系对口支援地城市的可持续发展。对口支援地积极安排优秀人员、资金开展对口支援凉山，同时也为凉山与对口支援地区的经济合作提供了良好契机，将凉山的资源引入对口支援地区，也促进了对口支援地的发展。同时，凉山要发展经济，也需要与经济发达地区合作，学习发达地区的经济发展模式和先进经验，接受对口支援地区经济的辐射和带动作用，加速凉山经济发展。

第五节　凉山扶贫工作面临的新机遇

一、党中央高度重视扶贫工作

党的十八大以来，以习近平同志为核心的党中央高度重视“中国贫困”问题，明确要求确保农村贫困人口到2020年如期脱贫，脱贫攻坚成为全局性任务。国家在1993年就成立了国务院扶贫开发领导小组即国务院的议事协调机构，领导各部委、各省市开展扶贫工作。中央扶贫开发工作会议确立了精准扶贫、精准脱贫基本方略，党中央、国务院及相关部门制定出台了一系列重大政策措施，如中共中央、国务院印发的《中国农村扶贫开发纲要（2011—2020年）》《关于打赢脱贫攻坚战三年行动的指导意见》等，中共中央办公厅、国务院办公厅印发的《关于创新机制扎实推进农村扶贫开发工作的意见》《脱贫攻坚责任制实施办法》等。一些部委也出台一些扶贫文件，如国务院扶贫开发领导小组办公室、国家发展和改革委员会、农业部等16个部门联合出台了《关于促进电商精准扶贫的指导意见》，科技部、教育部、中国科学院、中国工程院、国家自然科学基金委员会、国防科工局和国务院扶贫办等7个部门联合发布了《科技扶贫行动方案》，教育部出台了《关于实施教育扶贫工程的意见》，中国残联、国务院扶贫办等26个部门和单位共同制定了《贫困残疾人脱贫攻坚行动计划（2016—2020年）》，国务院扶贫办出台了《2009—2010年东西扶贫工作指导意见》，国家旅游局出台了《推进贫困地区旅游产业发展 构建旅游扶贫大格局》，这些文件为举全国之力打赢脱贫攻坚战提供了坚强的政治保证和制度保障。各地区各部门及社会各界积极行动、凝神聚气、锐意进取，形成强大合力；贫困地区广大干部群众盼脱贫、谋发展的意愿强烈，内生动力和活力不断激发，脱贫攻坚已经成为全党全社会的统一意志和共同行动。

国家将更多注意力放在西部贫困地区问题上，特别出台了具有针对性的扶持政策措施，如《中国农村扶贫开发纲要（2011—2020 年）》明确提出，加大对革命老区、民族地区、边疆地区扶持力度。《关于支持深度贫困地区脱贫攻坚的实施意见》明确表明将深度扶贫西藏、四省藏区、南疆四地州和四川凉山州、云南怒江州、甘肃临夏州等地区。四川凉山等地区是国家重点扶贫地区，国家扶贫资金投入将进一步向这些地区倾斜。

二、工业化、城镇化为扶贫工作提供了良好环境和重大机遇

“十三五”时期，我国新型工业化、信息化、城镇化、农业现代化同步推进和国家重大区域发展战略加快实施，为贫困地区发展提供了良好环境和重大机遇。特别是城镇化的快速发展，提供了大量的就业机会，把农村劳动力转移到制造业、采掘业等第二或第三产业，转移了农村大量剩余劳动力，为提高农民收入作出了重要贡献。同时，经济发展导致工业化进程加快，农民生活方式发生改变，文化素质得到提高，贫困农民市场意识、经营意识和创业创新意识也不断增强，增强了自我发展、脱贫致富的内在强大动力。我国的工业化、信息化、城镇化转移了农村剩余劳动力，减少了农民数量，使得农民富裕，提升了贫困人民的生活水平，在潜移默化中改变了贫困现状，对扶贫产生了很多积极的影响。

三、互联网等技术的快速发展为精准脱贫带来了新机遇

随着农产品生产技术、储存技术、加工技术、物流技术的快速发展，为贫困地区的自然资源转变为特色产品、资源优势转变为经济优势提供了强有力的手段。基于互联网的功能特点，将贫困地区的自然资源和特色产品向外界宣传推广和展销，使更多的城镇人口有机会认识和购买到这些绿色有机高质量的农产品，通过电子商务平台减少中间环节，有效解决贫困

地区的特产销售问题并提高产品知名度。加大电商产品开发，结合当地实际，对于市场类似产品的销售分析，找到农产品的卖点，开发特色产品，探索开发“一村一店”模式，推广农副产品、工艺品、旅游产品等。贫困人口可以充分利用农产品生产技术和互联网技术，开展特色农产品经营，深入实施“特色农产品＋互联网”战略，从中获得较高的经济收入。凉山州可以借助互联网技术建立特色产品电商平台，实现特色产品走出去、特色旅游引进来等网络经济发展模式。

第二章

国内外扶贫工作的经验及对凉山少数民族地区扶贫工作的启示

世界各国都或多或少存在一定程度的贫困问题，但是发达国家和发展中国家的贫困状况和贫困深度差异明显。因此，发达国家和发展中国家的反贫困措施和思路迥然不同。虽然各国反贫困措施表现不一，但国外的经验对我国搞好扶贫工作会有一定的借鉴意义，本节介绍部分国家反贫困的具体策略措施。

第一节　国外扶贫工作措施分析

国际上较为成熟的扶贫模式分为三类：一是以巴西、墨西哥为代表的“发展极”模式；二是以印度、斯里兰卡为代表的“满足基本需求”模式；三是以欧美国家为代表的“社会保障方案”模式。

一、“发展极”模式

“发展极”模式是基于不发达地区资源贫乏状况和非均衡经济发展规律，由主导部门和有创新能力的企业在某些地区或大城市聚集发展而形成的经济活动中心，这些中心具有生产、贸易、金融、信息、服务、决策等多种中心功能，形成一个经济发展的“磁场极”，能够对周围产生吸引、辐射和扩散作用，促进自身并推动其他部门和地区的经济增长。并以经济增长方式促使贫困地区的贫困人口自下而上地分享经济增长的成果，能够缓解区域性的贫困状况。

执行“发展极”模式扶贫的国家，除了巴西、墨西哥外，还有智利、哥斯达黎加、委内瑞拉、哥伦比亚和巴基斯坦等国家。其中，以巴西最具有代表性。巴西的主要做法是：建立基于“发展极战略”的反贫困战略模型，对确定的目标“发展极”给予重点投资，并制定特殊的优惠政策。

一是巴西出台了“有条件经济转移”反贫困政策。在卡多佐总统任期内，巴西推行了一项能在短期内减少贫困的政策，名为“有条件经济转移”反贫困政策。该政策涉及医疗、教育、就业等多项民生领域，鼓励针对贫困人群的人力资本投资，利用资金转移支付的方式来帮助贫困人群。而后的“家庭救助计划”是对该政策的补充，在提升儿童入学率、减少贫困和民族隔阂等方面发挥了重要作用。

二是构建了“发展极战略”的反贫困战略模型。巴西根据区域发展不平衡现状，选择和培植“发展极”，使之成为区域经济发展的推动力量，并发挥引擎作用带动区域经济发展。具体措施为：（1）成立政府自上而下经济开发部门，对国家经济进行干预和指导。（2）对贫困地区进行重点规划，制订地区性综合开发计划。组织实施落后区域移民，把工业布局与人口、农业布局有机结合起来。（3）大力推动“增长极”建设，给予重点投资，并制定特殊优惠政策。采取财政刺激办法筹集开发资金，鼓励向落后地区投资；通过预算拨款保证区域开发所需资金，使开发计划得以顺利实施；实行农产品最低价格保护政策，鼓励农业发展，保护新开发地区生产者利益。（4）积极利用外商投资加快“增长极”开发步伐。开辟自由贸易区，并提供便利条件，以吸引外商投资弥补财政不足。（5）提高劳动者素质。成立东北部教育基金，帮助不发达地区培养师资，免费发放教科书，并启动“远距离教学计划”，通过卫星电视向偏远地区播放教学节目，使不发达地区文盲率大大降低。

1967 年，巴西政府在贫困落后的亚马逊地区的马瑙斯地区建立了一个“经济发展极”，实行进出口自由贸易政策，并以优惠的税收政策吸引国内外企业投资建厂。规定凡是用于扩大再生产的进口商品免交进口税，凡是在自由贸易区投资建厂的企业可享受各种优惠。经过几十年的开发，马瑙斯地区的经济发展很快，由原来只有10余万人口的小城市发展成目前拥有124万人口的大城市，从业人员达10余万人。目前，马瑙斯的年产值达到近百亿美元，随着马瑙斯自由贸易区的建立与发展，亚马逊地区得到迅速的开发。在这一“发展极”的带动下，通过“发展极”的离心作用，增长的势头通过资本、技术、组织、要素、信息等渠道向其周围地区“弥散”，并不断扩大其“弥散半径”，使亚马逊地区又先后建立了许多规模不等的“发展极”，形成了带动整个区域经济开发的“发展极”网络，增加了大量就业机会，解决了农村剩余劳动力的就业难题，对减少贫困产生了积极的作用。

三是实施“零饥饿”消除贫困计划。2004年至2010年，总统卢拉推出了“零饥饿”消除贫困计划。2011年宣布实施新的“消除贫困计划”。计划规定，国家财政每年将拨出126亿美元，用以实施三项核心扶贫任务：（1）收入再分配。注重对农村贫困家庭的扶助，如提供必要的资金和技术援助，帮助他们发展农业生产和改善生活。（2）提供必要的公共服务设施，即修建电力、排水、学校等设施，改善居住环境，保障贫困家庭的日常生活需求，增强社会凝聚力和稳定性。（3）注重基本生产技能培训。政府计划对170万个18岁至65岁的人实施生产技能培训。

二、“满足基本需求”模式

赞成“满足基本需求”模式扶贫的人认为，消除贫困有两条道路，一是直接向穷人提供保健服务，教育、卫生和供水设施，以及适当的营养；二是加速经济增长，提高穷人的劳动生产率和收入水平。“满足基本需求”模式注重对穷人，尤其是对农村贫困人口提供基本商品和服务、基本食物、水和卫生设施、健康服务、初级教育和非正规教育以及住房等。

印度是采用“满足基本需求”模式扶贫的典型国家。1962年，印度政府率先提出在限定时期内使贫困人口享有一个最低生活水平以满足其最低需要的政策，这就是“满足基本需求”模式的雏形。印度政府执行的“满足基本需求”战略分为两个阶段，第一个阶段是第四个五年计划投资重点由工业转向农业，推行“绿色革命”为主要内容，通过引进、培育和推广高产农作物品种，运用一系列综合农业技术措施来提高产量，以解决粮食问题和农村贫困问题。第二个阶段是第五个五年计划提出的稳定增长，消除贫困，满足最低需要的战略口号，并实施多种计划来帮助和促进贫困地区的发展，包括初等教育、成人教育、农村医疗、农村道路、农村供水、农村电力等社会经济基础设施，还包括农村住房建设，以改善农村贫困人口的基本生活条件。

一是推行“土地改革”和“绿色革命”。从 20 世纪 60 年代中期起，为了解决因人口剧增造成的贫民粮食供应不足引起的贫民饥荒，印度政府开展了“绿色革命”运动。这一运动为那些新获得地权的土地所有者发展资本主义农业提供了机会。由于他们有地权，有较为雄厚的经济实力，以及国家在信贷上给他们的优待，他们中有不少人在“绿色革命”中使用高产种子、化肥、农药、机耕，发展商业性的农业生产。“绿色革命”通过发展农业生产力、增加粮食供给解决部分贫困人口吃饭问题，以此解决一部分农村地区的贫困危机。

二是直接向穷人提供医疗卫生、营养和教育服务。20 世纪 70 年代初，印度政府开始实施公营分配制度的反贫困策略。政府通过控制价格的一系列平价商店，保证以合理价格向广大人民特别是贫弱阶层供应基本消费品。这是一种有效的增加穷人实际收入和确保粮食安全的方法，它使穷人有足够数量的食品和其他必需品，基本物品主要有小麦、大米、食糖、食用油、焦煤和煤油。这些物品由中央政府负责收购，并把它们供应给各邦的供应分配系统。其中粮食定量配给制，定量为每人每月 8 至 10 公斤，并根据粮食形势和各邦的具体情况进行调整。目前印度至少有占总产量 16% 的大米、小麦和占 5% 的粗粮都是通过供应分配系统转移给穷人家庭，这对改善贫困居民的生活状况发挥了重要作用。

三是实施“发展与公正”并重的战略。20 世纪 90 年代，拉吉夫 · 甘地总理宣布开展“贾瓦哈尔就业计划”，该计划中央援助资金占 80%，资金侧重用于创造就业机会，并且要求在每个乡村都实行，其中创造就业机会的 30% 保留给妇女。在选择落后的群体时，低种姓部族占 60% 的人口，其余人口占 40%。该计划还有两个辅助计划：“英迪拉·赫瓦伊计划”和“百万水井计划”，共为低种姓部族及无地劳动者修建 107.4 万套住房，共挖掘了 36.7 万口水井，在一定程度上改善了贫弱阶层的生活状况。

四是加速城镇化进程。印度政府通过加速城镇化进程使得印度农村贫困人口大幅减少。通过城镇化释放人口红利，农村剩余人口得以向城市制造业和服务业转移。进入 21 世纪，印度房地产市场的迅速发展提供了大量就业岗位，加速人口转移，并带动就业和脱贫。

五是投资基础设施建设。印度从 1991 年开始，经过长期实践，逐步在私人部门开发基础设施领域，并取得了一定效果。私人基础设施投资大部分以公私合作方式进行，在运输、电力等基础设施领域大力投入资金，改善基础设施，通过扩大基础设施投资，推动经济发展，进而推动减贫。

三、“社会保障方案”模式

“社会保障方案”模式是国家通过财政手段实行国民收入再分配，从而实现对贫困人口的救助。主要内容是政府针对贫困人口的低收入和低生活水平状况，直接对穷人提供营养、基本的卫生和教育保障及其他生活补助，以满足贫困人口的家庭需要。因为发达国家经济实力雄厚，贫困面小，因此，“社会保障方案”作为一种福利制度已成为发达国家的主要反贫困措施。一般做法：一是通过累进税减少高收入者的收入；二是通过转移支付提高低收入者的实际收入。

美国和欧洲国家一般采用“社会保障方案”模式开展反贫困活动。社会福利政策已构成当今发达资本主义国家主要的反贫困政策，社会福利政策包括社会保险、福利补贴和公共教育三个方面。通过社会福利政策，可以形成一套完整而有效的社会保障机制，保证了发达资本主义社会贫困者对生存资料和部分发展资料的消费需要，通过福利制度进行国民收入再分配，提高了低收入者的实际收入，在一定程度上具有“福利国家”论者所鼓吹的“收入均等化”性质。美国是采用“社会保障方案”模式开展反贫困的典型代表。美国反贫困政策包括反贫困计划、反贫困对策以及政府反贫困公共政策。

一是反贫困对策。美国反贫困对策包括：(1) 学费分期偿还制。(2) 平等的收入政策。(3) 负所得税方案。美国政府给穷人提供另外的福利包括房屋补贴、免费医疗服务、不用交收入所得税。

二是政府反贫困公共政策。美国政府反贫困公共政策主要包括以下三个方面：(1) 改变“天然人力资本”收入差异和种族经济差异方面的政策。(2) 为妇女提供平等就业和收入机会及经济地位方面的政策。(3) 为保持老年人收入水平和社会福利方面的政策。美国通过这些反贫困的政策，解决了美国的财富分配不均的问题，采取综合性援助措施，为贫困地区或社区创造了经济机会，缓解了贫困。

三是提供食品等基本生活品。美国政府规定，月薪不超过 1174 美元，即年薪不超过 14088 美元的个人可以获得食品券。一个普通的四口之家，如果年收入不足 2.7 万美元就可以申请“食品券”补贴，每月可以得到 668 美元的食品券，而实际购买食品的钱只需要 500 美元左右，食品券的金额足以保障一个家庭的食品开支，保障美国的穷人不会饿肚子。

四是设立“希望区”制度。2014 年，美国总统奥巴马宣布，将在全美划定首批 5 个经济“希望区”，统筹协调联邦政府、地方政府和私营部门等方面的力量，促进 5 个贫困地区的经济建设和发展。此次宣布的 5 个经济“希望区”包括得克萨斯州的圣安东尼奥东区、加利福尼亚州的洛杉矶市区的韩国城和好莱坞等地的邻近地区等。第一，美国联邦政府加强对经济“希望区”地方政府的支持。每个经济“希望区”都将有联邦政府的工作人员在实地指导工作，并与当地政府工作人员密切合作，帮助当地企业打破相关规管壁垒，更有效地利用资金等生产要素，进而推动其实现经济发展目标。第二，经济“希望区”将优先从近10家美国联邦政府机构获得政策及资源支持，其中包括农业部、商务部、教育部、卫生及公共服务部、住房和城市发展部、司法部、劳工部和财政部等。第三，美国农业部将与联邦政府各部门及经济“希望区”的合作方联手，通过科技人员赴农村地区现场精心指导、加强技术援助及支持等有效措施，提升农村和部落地区的科技创新、可持续发展能力。第四，对经济“希望区”的企业实施税收减免政策，降低雇佣员工税等税种的税基征收标准，向符合条件的企业提供税收奖励或财政补助。第五，每个经济“希望区”将获得5名全职美国志愿者服务项目人员的支持与帮助，以利于每个经济“希望区”战略发展规划的顺利实施。第六，美国联邦政府各部门将与地方政府进行前所未有的紧密合作，改善经济“希望区”的基础设施建设，建成更多的好学校和高质量的住房，这是推动这些地区发展的一条新路、一条希望之路。

第二节　国内扶贫工作措施分析

一、广州扶贫工作措施

广州是发达地区，湛江是欠发达地区，广州对湛江的帮扶工作采取了以下几项措施。

一是推动资源外向对接。广州市道路扩建办帮扶南兴镇麻廉村，麻廉村拥有优质土地和良好生态环境，把村民1667亩土地流转集中起来，引入浙江老板承包种植大棚西瓜，西瓜品质好无污染，能够进入上海、杭州等地大市场，每亩地收入从原来1000元增加到2300元，农民在种植场打工，每人另有3000元的月收入。浙江老板在浙江能够拿到菜篮子工程的高额补贴，一亩地收入1万多元，扣除成本，每亩地的收入仍然也有7000多元。总体看，农民增收、老板致富的根本因素，是湛江优质土地资源与外地优惠政策、庞大市场等优势资源的成功对接。

二是推动资源高效利用。广州市花都区新雅街帮扶雷州企水镇边巷村，把全村800多亩的水田利用起来，种植一季水稻，种植两季圣女果。他们成立圣女果种植专业合作社，采取统一种苗、肥料、农药、收购和销售的办法，在种植圣女果的品种上不断改进，把圣女果从蔬菜变为水果，从红妃六、万福到紫色果、黄色果，价格翻了几倍，一亩地收入5000元至2.5万元不等。帮扶单位还建立了三个收购站和一个农贸市场，在广州、珠海等地建立销售点，畅通经营渠道，吸引和带动周边村民加入合作社，扩大种植规模，让农村的土地种植收入普遍提升了六七倍。

三是巧妙利用富余资源。广州燃气集团帮扶遂溪洋青镇文外村，广州港集团帮扶吴川长岐镇顿流村，由于当地劳动力大多外出务工，农村的山林和田地种植利用率不高，草木茂盛，适宜开发牛羊养殖，在广东发达地区和港澳地区能够卖到好价钱。广州拉动周边投资养殖牛羊，开辟养殖示范基地。另外，中央倡导发展家庭农场，鼓励农民实施土地流转，为集中闲置土地开辟牧场提供了较大方便，同时也能够获得国家相关政策补贴。此举不仅发展了村集体经济，也为当地群众开拓了一条致富之路。

四是充分挖掘潜在资源。广州港集团帮扶顿流村，自身投入30多万元，带动村内老板和普通村民捐资54万元安装了6公里的路灯，捐资129万元修建了一座跨河水泥桥，捐资60多万元修建了边坡自然村文化楼。这个行政村的群众，外出务工当老板的较多，但是村内建设水平却很一般，主要原因就是没有好的工作带头人，需要做的就是凝聚和发动群众。广州港集团的驻村干部，特别注意听取群众意见和建议，充分尊重群众，让群众当家作主，村子的建设发展才有了深厚的源泉。

二、浙江扶贫工作措施

一是强化产业援助，增强贫困地区造血功能。特色产业发展是增强贫困地区自我造血功能、带动群众增收致富的基础条件。浙江省在对口支援西藏、新疆、青海等省和自治区中，把产业援助放在优先地位，结合市场、技术、资金和受援省和自治区资源状况，加强特色产业培育。如在支援新疆阿克苏过程中，浙江发挥纺织服务业优势和阿克苏棉花产业优势，依托阿克苏浙江产业园南园、西园及阿拉尔工业园区建设浙江工业园区，积极引进华孚、洁丽雅等知名纺织服装企业，“十二五”期间引进20多个纺织产业项目，纺织服装产业援疆取得突破性进展，形成年产毛巾2万吨、袜子2亿双、服装600万套的规模，创造了大量就业机会。在支援青海海西州过程中，浙江省把搭建贫困地区特色农产品销售平台作为重点，在嘉兴市现代综合物流园“多德福”食品城开辟青海柴达木枸杞一条街，吸引14家海西州枸杞企业组团入驻，为柴达木枸杞、福牛、藜麦等特色农产品走向长三角地区乃至全国市场提供了良好推介窗口，有力带动了海西农牧业的发展。

二是强化人才支援，推进干部双向交流培训。资金和项目援助解决发展的基础问题，而智力援助则解决发展的长远问题。针对贫困地区干部人才队伍“量少质弱”的情况，浙江省坚持“输血”与“造血”、“硬件”与“软件”相结合，通过“派进去、请出来、结对子”等方式，突出抓好“双语”师资培训、职教师资培养、赴浙培训挂职等项目，累计为贫困地区培训各类干部、专技人员7万多人次。浙江加强对口地区的劳动力培训，促成以政府为主导、企业为主体的对口地区农村劳动力与技术工人培训就业机制，有效解决贫困地区劳动力就业问题。

三是强化民生投入，促进民生工程成为民心工程。针对贫困地区基本公共服务短缺、民生设施较为薄弱的现状，浙江始终把保障和改善民生放在优先位置，着力解决各族群众安居、饮水、教育、医疗等民生问题。“十二五”时期，浙江省累计安排援助资金60多亿元用于贫困地区的民生工程，群众的生产生活条件得到极大改善。四川藏区3850名辍学学生重返校园；阿克苏地区新建医院（卫生院）67所，新增医疗、福利床位3943张，受益人数超过百万人；海西光伏提水工程解决了当地农牧民几代人没有解决的人畜饮水问题。

四是搭建电商平台，拓展贫困地区产品销售渠道。西部贫困地区拥有丰富的特色农产品资源，由于销售渠道缺乏，影响特色农业发展和农民收入增加。浙江省充分发挥杭州“中国电子商务之都”的人才优势、产业优势、技术优势和平台优势，大力推进电商扶贫工程，携手阿里巴巴等电子商务公司，积极帮助贫困地区搭建电子商务平台，为这些地区特色农产品拓展了销售渠道。如浙江协助阿克苏市建立6.8平方公里的电商产业园区，成立阿里巴巴商学院电商培训基地，该基地成为杭州“中国电子商务之都”唯一的外埠培训基地，同时在杭州设立“阿克苏电子商务培育实训基地”，依托杭州成功的电商企业与平台资源优势，实施电商人才培育“蒲公英计划”，组织阿克苏电商企业的骨干人才带项目赴杭州企业实训。

五是加强经贸合作，实现单向援助向双向共赢转变。浙江省在对口支援凉山地区过程中，立足贫困地区特色资源禀赋，充分发挥援受双方比较优势，注重利用政府推动和市场机制，以省属企业为先锋、浙商民企为主力、援建干部为桥梁纽带，以“浙洽会”为主要交流平台，积极开展招商引资、项目推介活动，组织和动员浙江企业家等社会力量积极参与贫困地区建设，实现双方在资源、资本、技术、市场等方面的优势互补，进一步形成长期稳定、互惠互利的战略合作伙伴关系，实现单向援助向双向互利的转变。据不完全统计，目前在疆浙商达30万人以上，在阿克苏约3万人；在藏浙商超过1万人，在那曲约1000人；在青浙商近10万人，在海西约2.5万人。

三、上海扶贫工作措施

一是“组团式”卫生援疆，助力南疆医学高地建设。2010年上海对口支援喀什四县以来，以喀什二院为重点，建设南疆（喀什）新型医疗联合体，推进“三降一提高”公共卫生项目（降低传染病发病率、孕产妇死亡率、婴幼儿死亡率，提高当地公共卫生服务能力和居民平均期望寿命），帮助当地提升公共医疗卫生能力，改善农牧民群众的健康水平。截至目前，上海累计投入近10亿元，派遣300多名半年期以上的医生到喀什地区和对口四县医疗机构开展对口支援。通过“组团式”援建喀什二院，2010年至2014年，帮助喀什二院成功升级成为三甲综合医院。如今的喀什二院成立了南疆首家院士专家工作站，建成了11个自治区重点专科，与2009年相比，医院门诊急诊量增长350%，手术量增长267%。以喀什二院为龙头的南疆（喀什）新型医疗联合体，带动辐射四县医疗机构，构建了“地—县—乡—村”分级服务体系。2016年开展远程会诊491例、远程专题培训240次、远程继续教育培训4500学时，将上海优质医疗资源辐射延伸到基层。2010年以来，上海还派出86名医务人员，到喀什四县开展为期3个月的“三降一提高”公共卫生项目，累计惠及当地群众180余万人次。2016年，对口四县传染病发病率、孕产妇死亡率、婴幼儿死亡率较2012年分别下降8.6%、40.2%、14.5%。上海卫生援疆的成果，正在惠及越来越多的南疆农牧民群众。

二是“组团式”教育援藏，帮助日喀则学生实现新梦想。上海重视发挥本市在教育方面的优势，把“教育支援”纳入了“四为”方针之中。2016年6月起，上海市教委等部门积极探索“组团式”教育人才援藏新模式，派出40名工作队员赴日喀则市上海实验学校担任校长、副校长、管理干部及一线学科教师，全方位开展帮扶。他们借鉴上海教研模式，开展“规范化教科研体系建设”，从制度化和规范化入手，搭建了规范、高效的教研体系。引进上海市的“校本培训课程模式”等师训经验，构建“新任教师—成熟教师—骨干教师—学科带头人—名师”梯队校本培养体系。开展了教师与当地教师结对工作，并在上海对口支援五县（江孜、拉孜、萨迦、定日、亚东）开展送教下乡。推进智慧校园建设，建立了实现沪、藏实时互联互通的远程教学平台，实现上海名师名课程资源共享。组团式帮扶取得较好成效，2017年，日喀则市上海实验学校高考文理科上线率均达100%，重点本科率和普通本科率在西藏自治区名列第一。

三是可持续茶产业，助推遵义精准扶贫。贵州省遵义市是产茶大市，全市茶叶种植面积在200万亩左右，但是其知名度和附加值不高，销售和经营收益较差。联合利华上海总部积极响应上海市东西部扶贫号召，在遵义实施可持续茶园产业扶贫项目，探索产业精准扶贫模式。联合利华致力于实现“五个一”目标：即认证一批茶园；培训一批骨干；开发一批新品；延伸一条产业链；惠及一批贫困户。开展“国际雨林联盟”认证，帮助5万名茶农提升茶叶品质；组织茶叶生产加工技术指导小组，派遣专业技术人员为当地企业提供全面的加工技术与质量管理培训；携手供应商到遵义设立茶和健康草本精深加工基地。联合利华力争通过可持续茶园产业扶贫项目的示范，影响和带动一批供应商和其他品牌生产商，帮助遵义茶园畅通销售渠道，延伸产业链，实现茶农收入稳定、加快脱贫步伐，助推遵义茶产品走向国际市场。

四是“绣出好日子”模式，发展地方特色产业。屏边县是云南唯一的苗族自治县，刺绣既是当地苗族妇女的特长，又具有浓郁的地方特色，但长期以来，苗绣产业发展水平低，收益比较微薄。通过上海援滇干部牵线搭桥，爱心人士徐显德成立慈华专项基金，出资95万元用于妇女发展循环基金和苗族刺绣传承发展。通过帮扶，屏边绣莉丰乡民族工艺品厂、青锋民族服饰加工厂、蒙办叉楼斗秋民族刺绣厂等5个企业已经创建为屏边巾帼示范基地，每个小微企业获得3万元补助，基金会还给予6户贫困妇女扶持发展种养殖、苗族服装加工、手工业等项目，带动妇女就业人数达100余人。通过举办培训、参加比赛、参加展会以及与公司企业合作等形式，不断拓宽刺绣产品的外销途径，确保产品的经济价值和市场销售，有力带动了苗族女同胞就业增收。

五是“遵菜入沪”，精准扶贫有新路。贵州省遵义市的好山好水孕育了绿色有机的黔北特色蔬菜，十分受上海消费者的欢迎。上海市商务委积极协调本市批发市场、零售终端，采取“上海终端订单+批发市场中转集配+合作社绑定建档立卡贫困户”模式，探索一条“遵菜入沪”的新路。

遵义市道真、务川等贫困县组织来沪销售蔬菜的收购、包装和运输，并提供建档立卡贫困户姓名及蔬菜的各类信息；本市食行生鲜、家乐宝、强丰、康品汇等零售终端开展订单认购，确保贫困户和合作社多得利；上海蔬菜集团（西郊国际）、上海农产品中心批发市场给予“三免一快”的优惠政策，免除进场交易卡申办费、市场进场交易费和市场交易场地费，开辟绿色通道，加快进场交易。自 2017 年 9 月份启动“遵菜入沪”以来，来自道真、务川共 4 批近 70 吨蔬菜已通过零售终端销售，可为当地 80 户贫困户平均每户增收 2000 元。

第三节　国内外扶贫工作的启示

为了凉山更有成效地推进贫困地区的精准扶贫工作，既需要坚持自己好的做法和成功经验，持之以恒地抓好扶贫开发工作，又需要学习和借鉴国外和国内其他地区的扶贫减困方面的好做法，不断创新扶贫开发思路，提高扶贫开发成效。

一、探索建立准确瞄准贫困群体需求的机制

贫困群体想什么、要什么，他们对现行的政策和措施是否满意，这是扶贫开发工作首先要解决的问题。要建立机制和渠道，使他们的意见和心声能全面客观地反映出来。在事关群众切身利益的政策和措施出台前，要充分发扬民主，广泛听取各个阶层、群体的意见，提高政策执行的公开度和透明度。对于代表弱势群体经济、政治利益的各类合法组织应积极鼓励、大力支持，切实提高弱势群体维护自身权利的能力。在扶贫项目的实施中，要积极提倡参与式的扶贫理念，让贫困群体全程参与到扶贫项目的决策、管理、实施和监督之中。

二、根据地区具体情况，选择适合的扶贫脱困模式、路径

凉山对口援助和扶贫的地区比较多，如西藏、新疆、青海、河北、内蒙古等，地理区域、历史文化、社会经济发展都存在巨大差异性，因此在制定扶贫脱困政策、措施时，应该从贫困地区的具体情况出发，在充分吸纳国内外扶贫成败得失基础上，归纳、总结扶贫脱困经验，对每一个地方都要走具有地方特色的扶贫脱困之路。西藏、新疆、青海等地区的前方指挥部要针对当地人口贫困的原因、地方特色资源、当地贫困人口的需求等方面开展广泛调研，弄清情况、掌握好信息，制定好精准扶贫脱困方案，再组织好各方资源，凝结各方力量，积极开展扶贫工作。对于新疆、西藏和青海等落后地区，可以借鉴巴西“发展极”模式；对于新疆的绿色有机农业，可以借鉴上海的“可持续发展茶产业”和“遵菜入沪”模式；对于新疆和西藏的手工业，可以采取上海的“绣出好日子”模式；对于河北的扶贫，可以借鉴印度的“满足基本需求”模式。对于不同的弱势群体，要研究出台有差别、更有针对性的扶持措施，使弱势群体在不同情况下都能够得到有效的救助。在开发式扶贫中，也要采取差别化的扶贫措施，区别不同类型的贫困户，采取不同的帮扶手段。

三、逐渐加大扶贫资金项目、技术、人员等方面的投入

扶贫资金是扶贫工作能否顺利实施并取得卓越成效的“血液”动力，它在扶贫运行过程中扮演着“成败与否”的关键性角色，因此扶贫资金投资强度的大小对扶贫效果是否显著具有重要作用。技术落后是地区贫困的一个共同原因，技术是推动贫困地区经济发展最根本的因素，也是一个地区经济发展具有长期竞争力的重要因素。高级技术型、管理型人才是地区经济发展最活跃的因素，是发挥资金项目、技术作用的决定性力量。凉山对新疆和田、青海玉树、西藏等地区的扶贫，由于资金项目、先进技术、人才等方面严重不足，特别需要实用性技术，需要教师、医生、金融等专

业技术人才，凉山需加大这些方面的投入。在资金方面，要通过税收、金融等经济杠杆，引导更多的社会资金投向贫困救助事业，特别是要鼓励和引导一些有实力的企业履行社会责任，大力开展扶贫济困。大力弘扬慈善文化，宣传慈善典型，营造全社会积极参与慈善事业的氛围。

四、应加大教育和就业培训力度，建立以工作为本的社会福利和社会救助制度

美国社会福利改革的主轴，一直围绕着促进低收入家庭就业的目标发展。自20世纪60年代以来，美国政府采取多种途径解决福利依赖问题，改革的幅度也由原先温和渐进到较为激进。美国的发展经验显示，就业才是脱离贫穷及寻求经济自立的成功之路。我国对于低收入家庭的救助工作，在提供生活补助的同时，要与职业教育和就业服务活动之间建立建设性的联系。制定相关政策，逐步激励、促进有条件的低保家庭就业，建立起以工作为本的社会救助体系。

五、大力改善、提高贫困地区社会服务

不少发展中国家，如墨西哥、玻利维亚、印度、泰国等，都比较注重改善贫困地区社会服务，如文化、教育、卫生、就业培训等。而在新疆和田、青海玉树等许多贫困地区乡村，由于社会经济发展落后，财政困难，导致当地政府提供教育公共物品的稀缺性，即在提供优质、充足的教育资源方面，无论从“硬件”或“软件”上都存在严重缺口，儿童辍学率、学校学生流失率仍然居高不下，农村义务教育由于诸多因素制约仍然步履维艰，儿童成为新文盲的可能性或概率仍然很高。因此，要加强贫困地区初等教育，就需要中央政府、省级政府和对口援助单位提供新的巨额经费预算。在目前扶贫开发中，中央政府也只要求各级政府部门从支援不发达地区资金中拿出相当于专项贴息贷款5%的技术培训费用于改善、提高贫困地区社会服务，就这一要求，大多数贫困地区也达不到。与教育一样，医

疗卫生服务也是贫困地区的又一薄弱环节，基本卫生服务依靠贫困乡村自身力量是很难提供的，农村合作医疗保险计划在贫困地区也很难实行。因此，中央政府、省级政府和对口援助单位应增加对贫困地区基本医疗设施经费补助，提供专项经费用于培训医务人员，增加医务人员数量，提高医务人员业务素质，建立并完善县、乡、村三级卫生网。

六、充分发挥民间组织在慈善、救助方面的作用，建立起牢固、和谐、有效的伙伴关系

美国自 20 世纪 80 年代以来，社会福利民营化开始大范围兴起，私人企业可以用相对更低的成本更有效率地提供服务和技术革新。通过民营化的方式，政府、社会和企业开始共同承担社会福利责任，有效地缓解了政府的财政压力，并促进了社会服务质量与效率的提高。我国各级政府应通过立法，鼓励和引导非营利组织及其所兴办的公益事业的发展。通过政府向运转规范、廉洁高效、声誉优良的非营利组织购买服务，委托它们为政府向社会提供服务，促进和引导非营利组织的自我管理。通过向社会特别需要的社会救助、教育、科学、文化、卫生、环保等非营利组织提供资助，引导非营利组织发展的正确方向。通过税收优惠措施，引导社会资金向公益事业领域转移。围绕和谐社区的建设，鼓励慈善类民间组织在社区建设中发挥作用。围绕福利社会化，发挥慈善类民间组织在安老扶弱、助残养孤方面的作用，缓解当前社会福利事业资金不足、机构偏少的矛盾。引导慈善类民间组织开展医疗、教育、住房、法律援助等专项救助，体现社会关怀。

第三章

凉山扶贫工作发展的新趋势

第一节　凉山扶贫工作的新方向

一、凉山要在贯彻实施国家重点发展战略中开展扶贫工作

2000 年，中央提出了西部大开发计划，把东部沿海地区的剩余经济发展能力，用以提高西部地区的经济和社会发展水平，努力实现西部地区经济又好又快发展，人民生活水平持续稳定提高，基础设施和生态环境建设取得新突破，重点区域和重点产业的发展达到新水平，教育、卫生等基本公共服务均等化取得新成效。2004 年，党中央提出了中部崛起规划，在中部地区重点加强“三基地、一枢纽”建设，即粮食生产基地、能源原材料基地、现代装备制造及高技术产业基地和综合交通运输枢纽。2013 年，习近平总书记提出了“一带一路”倡议，即建设“丝绸之路经济带”和“21 世纪海上丝绸之路”的合作倡议，充分依靠中国与有关国家既有的双多边机制，借助既有的、行之有效的区域合作平台，积极发展与沿线国家的经济合作伙伴关系，共同打造政治互信、经济融合、文化包容的利益共同体、命运共同体和责任共同体。2016 年，国家再次提出中部崛起规划，提出“一中心、四区”战略定位，即建设全国重要先进制造业中心和“全国新型城镇化重点区”“全国现代农业发展核心区”“全国生态文明建设示范区”“全方位开放重要支撑区”。2017 年，党的十九大提出了乡村振兴战略，习近平总书记提出，坚持农业农村优先发展，坚持农民主体地位，坚持乡村全面振兴，坚持城乡融合发展，坚持人与自然和谐共生，坚持因地制宜、循序渐进。乡村建设发展实现“产业兴旺、生态宜居、乡风文明、治理有效、生活富裕”。2020 年 5 月 17 日，中共中央、国务院印发了《关于新时代推进西部大开发形成新格局的指导意见》。该意见指出，强化举措推进西部大开发形成新格局，是区域协调发展进入新阶段的新要求，

是统筹国内国际两个大局作出的重大决策部署。作为该计划的一部分，我国将宣布一系列针对西部腹地的新交通基础设施计划，包括川藏铁路、沿江高铁以及一系列机场、水库和灌溉工程。政府还将发展新能源项目，鼓励工业项目将业务向西部而非海外转移。

党中央提出的西部大开发计划、中部崛起规划、乡村振兴战略、“一带一路”倡议和新西部大开发战略，与四川凉山等中西部地区的经济发展密切相关，也与这些地方的扶贫脱困攻坚工作息息相关，它们在最终目标上高度一致，都是推动中西部经济发展、促进当地人民脱贫致富。对口帮扶的凉山贫困地区的精准扶贫脱困相关工作，如资金项目、产业发展、人才技术支持、医疗教育援助等，要与贯彻实施西部大开发计划、中部崛起规划、乡村振兴战略和“一带一路”倡议密切结合起来，在实施上述国家发展战略中要更加注重扶贫脱困攻坚工作，在解决人们基本生活需求的基础上，再图更高质量、更大的发展。

二、将凉山经济外向延伸与对口扶贫协作工作结合起来

2015 年，习近平总书记在中央财经领导小组第九次会议上指出，加快经济发达地区调整经济结构和空间结构，走出一条富涵集约发展的新路子，促进区域协调发展，形成新增长极。在京津冀交通一体化、生态环境保护、产业升级转移等重点领域率先取得突破。凉山地区也要大力促进创新驱动发展，增强资源能源保障能力，扩大对内对外开放。

凉山与周边地区或者援助凉山的地区存在两个方面经济合作和协同发展。一方面，推动对口支援地区企业和项目的“走出去”。在发达地区发展过程中，一些企业和经济发展项目会从发达地区疏解出来，因此，也可以结合凉山发展和扶贫的需要，推动一些企业和项目向凉山地区转移，促进这些地区的经济发展和人们收入水平的提高，加快扶贫脱困进度。另一方面，发达地区需要一些能源、材料、农产品，以及其他产品的“流入”，凉山等贫困地区也可以根据本地的资源优势和产业优势，为发达地区提供

相关材料和产品，促进发达地区当地经济的发展。凉山等贫困地区的扶贫工作要和发达地区的进一步发展密切结合起来，形成资源和收益共享、产业有效对接、人才和技术合理流动的经济对接关系，以在凉山带动贫困地区经济社会发展。

三、把扶贫脱困攻坚战、经济援助和根本性脱困致富结合起来

对口支援地区与凉山地区的合作，既对口支援其经济发展，又承担相应的扶贫脱困协作工作。虽然这些工作在本质上是一致的，都是帮助贫困地区经济发展、推动贫困地区脱贫致富和提高人们收入。但在实施具体目标中，也存在一些小的差异。精准扶贫脱困需在2020年完成，是相对近期的目标，其资金项目投入和活动开展，需在近期产生效果，取得近期效益；推动贫困地区经济发展，其资金项目投入和相关活动的开展，一般规模较大，如新建企业、创办产业园区等，允许在较长时间产生效果和收益；而对于兴办教育等方式扶贫，投入巨大且产生脱贫效果需要非常长的时间，一般需要10年甚至20年，但能起到根本脱贫致富的作用。因此，在凉山协助贫困地区扶贫脱困工作中，扶贫方式的选择与其需要实现的扶贫脱困目标密切联系起来，资金救助、扩大就业、保险医疗等方式能产生立竿见影的扶贫效果，效果在当前，但脱贫后容易返贫；受援两地经济合作、发展特色产业需要较长时间才能产生扶贫效果，带动脱贫的人比较多，脱贫效果较好，不容易返贫，是扶贫脱困的根基；教育扶智、扶志是一个漫长的过程，需要很长时间才能产生效果，是面向未来的扶贫方式。凉山对贫困地区的扶贫工作，要把面向当前、根基和未来的扶贫都要兼顾到，既要重视当前、重在根基，又要面向未来，资金项目投入和活动开展要合理分配，既要完成2020年精准脱贫的目标，又要使贫困地区有长期的发展，还要促进贫困地区从根本上走出贫困。

四、探索“发展极”模式开展扶贫工作

“发展极”模式是国际上较为成熟的扶贫模式，主要适用于经济不发

达和非均衡经济发展地区。主要做法是由主导部门和有创新能力的企业在某些地区或大城市聚集发展而形成的经济活动中心。“发展极”模式非常适用于四川凉山等地区的扶贫工作。在凉山地区选择经济发展相对较好的西昌市等地区，充分利用当地的农业、能源、矿产、旅游等资源，引入适合发展当地特色经济的大型企业，以企业所从事的产业和产业链节点为核心，沿着产业链向上下游延伸或横向拓展，形成产业集群，建立产业园区，形成“发展极”，充分利用“发展极”的示范、辐射和引领作用，带动周边地区的经济发展，形成以点带面的发展趋势，从而推动整个地区经济的发展，达到扶贫脱困的目的。

第二节　凉山扶贫工作的重点任务

一、助力凉山贫困地区脱贫的重点在扩大就业

对于凉山地区等贫困地区，扩大就业是扶贫脱困比较直接、有效和立竿见影的措施，基本能达到“一人就业、全家脱贫”的扶贫目的。通过积极的政策措施和各类就业服务手段，促进贫困家庭劳动力就业，实现其家庭的增收脱贫。贫困地区就业扶贫的方式比较多，如提升就业扶贫车间、设立创业扶贫工坊、开发公益扶贫岗位、开展劳务协作扶贫、开展技能扶贫培训等。但对于凉山等贫困地区，通过扩大就业扶贫，需要做好以下几个方面的工作。

一是加强思想教育，培养劳动意识。凉山地区的主要居民是少数民族，缺乏资金积累意识，他们能维持基本生活需要就感到满足。对这些人需要加强耐心的思想教育，改变他们的世界观和对劳动的认识，树立对美好生活的向往，培养他们的劳动意识和干事创业精神。

二是摸清情况，分类采取就业措施。扶贫干部人才和当地扶贫工作人

员通过入户调查，弄清楚具有劳动能力的贫困户，把他们作为就业扶贫的工作对象。了解他们的基本情况、工作能力、培训意愿、就业意愿等情况，针对不同贫困人群采取不同的促进就业措施。

三是鼓励企业和各类用人单位招用贫困家庭劳动力就业。采取有效措施鼓励企业招聘贫困家庭劳动力，如企业招用或通过公益性岗位安置贫困家庭劳动力就业可申请享受社会保险补贴和岗位补贴，企业吸纳贫困家庭劳动力就业的可申请奖励等。

四是鼓励各类职业中介机构有组织输出贫困家庭劳动力。鼓励人力资源中介机构、域外劳务基地联络处和农民工服务站有组织输出贫困劳动力，提升转移就业量。对推进劳务输出可以采取以下具体政策：人力资源中介机构组织贫困家庭劳动力就业可申请补贴；贫困家庭劳动力参加有组织劳务输出的可申请交通补贴等。

五是鼓励贫困村开发公益性岗位安置贫困家庭劳动力就业。乡镇、贫困村开发的孤寡老人和留守儿童看护、社会治安协管、乡村道路维护、保洁保绿、爱心妈妈等公益性岗位，安置贫困家庭劳动力就业。

六是鼓励贫困家庭劳动力创业。为有创业意愿的贫困家庭劳动力提供免费培训；营造良好的贫困劳动力创业氛围，培树创业典型，力求激励更多有创业意愿和创业条件的贫困家庭劳动力自主创业兴业；对创业者提供一定的现金奖励、担保贷款并给予财政贴息；为贫困家庭劳动力返乡创业者提供无担保贷款。

七是抓好就业培训。开展送培训下乡活动，鼓励培训机构“走下去”，采取“农民夜校”“培训大篷车”“田间课堂”等方式，结合本地产业发展、农房改造、新村建设、外出务工，开发符合贫困群众特点的实用性培训项目，开展“短平快”的实用性技术培训。开办“扶贫专班”，把贫困劳动力“请上来”到技工院校进行组织化、专业化的“脱产培训”。

八是抓好转移就业。多渠道收集适合贫困劳动力就业的岗位信息，通过开展“送岗位下乡”活动，将就业岗位送到贫困劳动力家门口，让其不出家门就能了解招聘信息。主动、积极为用工企业和贫困劳动力搭建供需平台，组织地区内外的用工企业来贫困地区开展就业扶贫专场招聘会，招聘贫困家庭劳动力。积极落实就业扶贫优惠政策，充分调动各方面力量参与就业扶贫的积极性、主动性，促进本地企业吸纳贫困劳动力就业。

二、凉山产业扶贫发展的重点在特色农业和旅游业

产业是发展之本、脱贫之基、富民之源。对于绝大多数贫困人口分布在农村的凉山等贫困地区，通过培育优势突出、特色鲜明的特色农业产业才是有效提升贫困地区自我发展能力的重要举措和实现精准脱贫目标的关键之策。凉山地区具有丰富的农业资源，拥有特色的种植业，如核桃、石榴等，这些产品在全国都有很高的知名度，具有鲜明的地方特色和知名品牌，具有发展地方特色农业的基础和条件。

一是壮大特色农业龙头企业。加快发展家庭农场等新型经营主体，重点抓好农民专业合作社、大户、龙头企业这三类新型农业经营主体的培育。引导贫困农户依法自愿有偿流转土地经营权，推进贫困地区土地适度规模经营，提高土地产出率。进一步强化农民专业合作社的纽带和平台作用，引导合作社由注重“虚”的组织架构建设到注重“实”的利益联结和风险防范机制建设。切实加强对那些辐射能力强、产业链条完善的农业产业化龙头企业的支持力度，适时引导企业通过创新、兼并、重组等方式做大、做强，在土地流转、绿色产品认证、税收政策、金融信贷、产品基地建设等方面给予较大程度的优惠。鼓励农业龙头企业、农民合作社季节性用工和长期用工要优先使用贫困户的劳动力。

二是开展特色农业全产业链经营。发展区域性特色扶贫产业，将贫困地区特色农业项目优先列入优势特色农业提质增效行动计划，加大扶持力度，建设一批特色种植养殖基地和良种繁育基地。加强“产加销”全产业链建设，推动农业由单纯的种、养向产、加、销一条龙和贸、工、农一体化的方向发展。着力完善特色农业产品链、产业链、生态链和利益链，努

力实现一、二、三产业融合，推动农业产业格局的拓展升级。推动特色农业产业链条延伸到贫困村、贫困户。建立产业扶贫到村到户机制和与贫困户的利益联结机制。对缺乏劳动能力和经营能力的贫困户，通过土地流转方式获得收益；对参与产业发展缺乏资金的贫困户，帮助发展产业。

三是坚定信心走农业现代化的道路。重点通过“五化”，即规模适度化、土地集约化、产品标准化、布局园区化和质量安全化全力推进特色农业现代化。大力抓好“良田、良种、良肥、良法”的推广普及，千方百计运用现代生物技术、机械技术、工程技术和管理技术，切实提升土地的单产效益。重点针对已经获得地理标志品牌、原产地标识、绿色有机认证等“金字”招牌的特色农产品实施严格的全过程标准化管理，着力抓好农业标准体系、农业质量监测追溯体系和农产品评价认证体系的建设。加快农业园区建设的进程和力度，集中力量申报国家现代农业示范区和国家农业科技园区，通过大园区形成大产业实现大发展。

四是强化农业新型业态培育。重视农业经营模式的创新，充分运用大数据、云平台和“农业＋”等形式促进农业与其他行业的融合。主要打造“农业＋电商”“农业＋旅游”等新型业态。积极打造区域性电商中心和数据平台，做好牵线搭桥、夯实基础设施等公共服务工作，积极对接天猫、京东、苏宁等实力雄厚的电商，寻求建立长期的战略合作伙伴关系，充分发挥凉山地区旅游资源，实现农业与旅游有机融合，大力推出“农业观光＋休闲游”“农业园区＋乡村游”等系列旅游产品。

五是培育农副产品品牌。加强基层农技推广体系建设，发展农业科教示范基地，积极引进农业新品种、新技术，创建新农产品品牌。巩固凉山地区现有的农副产品知名品牌，要充分发挥品牌效应，提高产品价值和经营收益，推进扶贫攻坚。

六是发展特色旅游业。大力促进凉山地区生态旅游发展。通过整合各项资源，强化凉山地区旅游经济发展，增强凉山地区旅游服务意识和提升服务水平。打造凉山地区现代旅游平台，实现“生态旅游”“农业＋旅游”

和“文化 + 旅游”。

三、助推凉山全面脱贫重在政府引导、社会参与

社会组织擅长对个性需求进行分析，能有针对性地提供专业帮助，并给予持续的社会资源支持。政府要搭建平台，建立有效机制，创造各种条件，采取有效措施大力鼓励动员企业和社会各界组织和人士参与扶贫工作。

一是要以多种方式组织实施社会扶贫工作。目前，对口支援凉山地区主要帮扶内容聚焦在八大领域，即参与产业帮扶、就业帮扶、教育帮扶、健康帮扶、志愿帮扶、易地扶贫搬迁、生态环境治理和其他帮扶。而凉山精准救助的主要任务是以占比最高的因病致贫家庭为主要对象，以“解决吃不起药、看不起病和看病难”为核心，以“助、帮、减”为主要内容，以“一对一结对、持续帮到底”为特点，凝聚社会力量，形成精准帮扶运行体制。社会各界可以在政府组织、引导下参与上述方面的扶贫工作。

二是搭建社会扶贫的平台。对口支援地区有丰富的企业资源、资金资源、人才资源、技术资源，是开展社会扶贫的重要条件。扶贫干部加大力度完善已经搭建起来的研究中心、社会动员中心、文化交流中心、双创中心等平台，在凉山积极搭建对口支援地区扶贫的社会扶贫网，大力推介中国社会扶贫网，利用好这些平台，充分发挥平台帮扶需求与社会资源的对接平台作用。通过社会扶贫平台，集聚对口扶贫凉山的各种资源，汇集凉山地区等贫困地区的扶贫需求，并进行有效对接。发展横向经济联合，把贫困地区开发和对口支援地区发展结合起来，为贫困地区引进信息、资金、技术、人才和管理经验，实现扶贫的目的。

三是加大信息宣传力度。建立媒体通气会制度，联合中央及市属媒体，通过刊发报道、建立微信公众号、撰写刊发扶贫稿件等方式，加大宣传力度，让更多的企业、人群了解扶贫，参与扶贫活动。

四是组织发达地区的工商企业、科研单位和中等专业学校、高等院校

等与贫困地区建立长期联系，开展对口支援。深入推进“万企帮万村”精准扶贫行动，引导企业积极开展产业扶贫、就业扶贫、公益扶贫，鼓励有条件的大型企业通过设立扶贫产业投资基金等方式参与脱贫攻坚。持续开展“光彩行”活动，提高精准扶贫成效。

五是组织能工巧匠和技术力量帮助贫困地区培训科技人才。对口支援地区有许多能工巧匠和各方面的高技术人才，凉山相关部门建立好机制、采取相应措施，让刚退休的技术人才、管理人才以及具有一定空暇时间的专业高技术人才到凉山地区等地方开展扶贫工作，也可以利用现代互联网技术，如远程视频等，让在全国各地的人才都能参与扶贫工作。

四、凉山扶贫协作的特色方式——“组团式”协作

目前在很多地区开展的扶贫协作工作表明，扶贫干部大多采取“分散式”开展扶贫工作。例如，凉山扶贫的干部人才被分散到各个地方的各个单位，每个单位有 1 至 2 名扶贫干部。这种干部扶贫方式，对于贫困地区工作比较多的地方，单位中的当地干部大多被下派到村镇工作，单位中的扶贫干部却又承担了许多其他工作任务，扶贫干部很难实现经济援助和扶贫作用。尤其是对于一些需要多人团结协作的工作，如医疗、教育等，采取“组团式”援助协作，将会发挥更大、更有效的作用。“组团式”援助协作包含两个方面，一方面是扶贫干部的组团，即在扶贫干部团队中有来自凉山各个单位的扶贫干部人才；另一方面是援助的组团，即多个扶贫干部组成一个功能相对齐全的团队，集中力量对一个单位或共同对一个方面开展扶贫工作。“组团式”援助协作扶贫，有利于实现区域内优质技术资源共享，能够为当地群众提供非常优质的服务；对受援单位可以产生“造血式”功能，为当地带出一支强有力的队伍；可以全面提升受援单位的思想理念，建立有效的运营模式、管理制度，快速提升受援单位的扶贫和服务能力；帮扶范围广，帮扶人员多，在同一时间范围内，能让更多的县级医院和群众受益。且多个单位同时开展帮扶，在遇到问题时，可以相互交流经验，更易形成合力，集中

解决帮扶中遇到的问题，尽快实现扶贫目标。

“组团式”援助协作扶贫，比较适用于教育、医疗等协作性比较强的扶贫工作，通过激活组团援助优势，立足教育医疗专业人才的专业优势，开展团队式援助。将凉山扶贫的教师或医生集中挂职在几个中心学校或中心医院，建立示范学校或示范医院，增强示范单位人才、资金和技术实力，帮助示范单位规范化发展，迅速提升示范单位实力，提高其发展速度，突出其优势地位。充分利用示范单位的示范、辐射、引领效应，带动一个地区或相关学校以及医院的发展，逐渐推动贫困地区整个教育和医疗水平的提升。

第三节　凉山扶贫的工作重点

近年来，为推进凉山州全面脱贫攻坚工作，党中央和四川省十分重视凉山州对口援助扶贫协作工作。凉山州也引进了一些对口援助扶贫干部人才，这些对口援助扶贫干部人才全身心投入到了凉山州扶贫脱贫等工作中，努力为贫困地区经济发展和扶贫脱困贡献聪明才智。为进一步提升凉山州对口援助扶贫协作成效，对口援助扶贫干部人才将重点在以下几个方面发挥积极作用。

一、充分发挥技术专业特长，推动贫困地区技术引入应用

一是为贫困地区引入新技术。扶贫干部人才充分利用自己对专业技术的理解、掌握、调整和应用能力，结合贫困地区的实际需要和所拥有技术应用的条件，从凉山或其他发达地区引入成熟技术，并针对贫困地区的实际情况和需要进行修改完善，降低技术转移、应用的难度，使贫困地区企业在现有生产条件和人才状况下能顺利实施这些技术。扶贫干部人才尽量向贫困地区转移一些劳动密集型技术，重点带动贫困地区贫困人口就业。

扶贫干部人才要推动凉山技术转出企业与贫困地区技术应用企业间建立起技术转移、应用的关联关系，使凉山企业的技术进步能带动贫困地区企业技术进步和发展，尽快提升贫困地区企业技术水平。扶贫干部人才要促进凉山科研机构与贫困地区相关科研机构建立长期合作关系，服务凉山科研机构，为贫困地区开展技术研发活动，也要帮助贫困地区科研机构尽快提升科研能力，与凉山科研机构合作开展技术研发。

二是在贫困地区推广应用新技术。扶贫干部人才结合岗位分工，积极发挥专业优势和技术专长，加大力度推进技术在贫困地区应用。农业技术专家要将自己的研究与贫困地区的技术需求结合起来，研发适合贫困地区种植的农产品和适合贫困地区养殖的畜牧产品。鼓励专业技术专家将自己的研究成果在贫困地区推广应用，并在应用中不断修改完善技术，使技术应用产生更大的经济效益。对口扶贫医生团队要利用他们的技术专长，完成各种手术，治病救人。教师要运用自己掌握的先进教学方式，教育出更多的优秀学生。

三是为贫困地区提供技术应用服务。扶贫干部人才要加大转移技术在贫困地区企业应用的服务，现场指导技术应用、创造技术应用环境条件、培训技术人才、解决技术应用中出现的问题等，提高贫困地区企业应用技术的能力，促进应用技术产生积极效果。扶贫干部人才为贫困地区介绍技术信息，宣传推广技术，提高贫困地区企业、机构或组织科技意识，积极主动应用现代技术。扶贫干部人才采取办班、视频等各种方式为贫困地区机关干部、企业职工、农民牧民开展技术培训，提高他们掌握技术的能力。

二、发挥领导管理能力，为贫困地区送“思想”、送“制度”、送“模式”

一是为贫困地区引入新思想、新理念、新模式。沿海经济发达地区，其经济发展思想、理念和模式在国内都比较领先。而凉山等西部地区，其经济发展之所以落后，不仅仅是因为资金项目的缺少，在国家大力实施西部大开发计划、精准扶贫战略下，资金项目问题都得到了一定的缓解，但缺少的是经济发展、项目运营管理的新思想、新理念和新模式，以及与之密切关联的人才。扶贫干部人才对西部地区的扶贫，要把送“思想”、送“制度”、送“模式”放在重要地位，与资金项目一起，促进西部地区“硬”扶贫和“软”扶贫的协调，在“硬”设施的基础上加上“软”配套，才能使“硬”设施发挥更大效果。扶贫干部人才要把凉山经济发展、企业运营和管理的先进思想观念、高效的工作方法引入受援单位，运用在项目运营和管理上，帮助改进机制，完善工作制度，提高工作效率。比如，特色农业全产业链发展理念，改变当地传统的“只重生产、不重服务”“只重收获、不重市场”“只重投入、不重效率”等思想，引导建立推进优粮优产、优粮优购、优粮优储、优粮优加、优粮优销“五优联动”的特色农业经营体系。

二是推进贫困地区相关部门建立完善的项目建设流程和规章制度。针对贫困地区一些部门项目建设随意性强的问题，扶贫干部人才要积极帮助挂职单位建立完善扶贫项目建设的考察、立项、建设招标、建设管理、完工验收、运营商招标等工作流程以及健全的工作制度。积极推动出台精准扶贫脱困的项目、资金管理办法，加强项目研究、工程建设、资金拨付、竣工验收、运营运行等环节的监督。督促挂职单位严格按照流程和规章制度建设和运营扶贫项目，使挂职单位扶贫项目建设和运营进一步流程化、制度化和规范化，确保项目资金安全、工程质量可靠、运营和作用有效发挥。

三是帮助扶贫地相关部门建立完善的工作流程和规章制度。医生、教师等技术型扶贫干部人才，应积极帮助挂职单位建立健全工作流程、工作方式和规章制度，手把手做好传、帮、带工作，培养当地的医生、教师，留下一支带不走的工作队。扶贫医生要把医疗诊治的全过程：从最基本的如何询问病史、病情检查，到如何评价辅助检查结果；从基本的教科书知识到最前沿的科研进展；从如何书写定位定性，到如何深入分析病情等，进行流程化、规范化和制度化，为当地从业者提供病人诊治的指南。教师要从如何备课、如何组织上课、如何写教案、如何开展教研活动等，建立完善的教学流程和教学工作规范，并通过传、帮、带，潜移默化传授给当地教师。

三、发挥组织协调能力，充当好援受两地的桥梁纽带

一是协助贫困地区引入资源。扶贫干部人才要积极动员亲朋好友、派出单位和公益慈善机构参与对口扶贫工作，主动积极联系凉山各单位，鼓励为贫困地区捐赠书籍、文体用品、衣服、日常用品等物品和现金。扶贫干部要大力帮助贫困地区在对口援助地区招商引资，将资本、人才、技术等资源引入贫困地区。扶贫干部人才要搭建相应平台，通过各种渠道，鼓励协助对口支援地各类专家人才利用节假日、教师、医生和技术专家退休时间、学生就业前实习、亲属来贫困地区探亲休假等机会，义务为贫困地区提供技术指导、教学、医疗救助、社会活动等服务以及相关的培训。

二是促进援受两地人民携手脱贫致富。扶贫干部人才要积极推动凉山等贫困地区交往新平台的搭建，不断加强援受两地各领域、各层次的交往交流力度，促进两地人民交流、交往、交融，携手奔小康。扶贫干部人才要促进凉山和对口支援地区两地人民之间的了解，消除对口支援地区一些单位和民众对凉山等贫困地区的误解，建立对口支援地区了解凉山等贫困地区历史、人文、宗教、生活习俗等方面的窗口，增进援受两地人民的友谊，大力推介贫困地区文化与旅游资源，鼓励对口支援地区人们到凉山贫困地区旅游观光，为旅游扶贫提供支持。扶贫干部人才要积极开展“民族团结一家亲”活动，加强对口支援地区人民与凉山贫困地区人民之间的了解和交往，促进凉山富裕家庭与贫困地区贫困家庭结对认亲，定期走访看望、给财送物，解决贫困家庭实际困难，一对一地帮助贫困地区贫困人口尽快脱贫致富。

四、发挥引领带头作用，培养当地人才队伍

凉山扶贫的干部人才，都是一些经验丰富、作风过硬、技术娴熟、工作能力强的领导人才和专业技术人才。贫困地区一些单位技术落后、管理经验缺乏，但单位的干部员工工作热情高涨、对技术很渴望、能吃苦耐劳。凉山扶贫干部人才要通过“传帮带”的方式，以“一带一”“一带多”或“一个团队带一个团队”的形式，帮助贫困地区干部人才迅速成长，为贫困地区打造一支带不走的经验丰富的工作团队。

一是通过培训交流，向贫困地区传授思想、理念和工作方式。对于凉山等经济和社会发展相对落后的地区，要做好扶贫工作，对单位领导干部和企业经营管理人才加强思想意识、政治素质和业务技能的培养是关键，重中之重是加强发展理念、发展模式和工作方式的培训。凉山扶贫干部人才要把重点工作放在帮助贫困地区领导干部人才树立先进的社会主义市场经济意识和理念、掌握市场基本理论上，使他们正确理解“市场在资源配置中起决定性作用”的科学含义和运作方法，遵循社会主义市场经济规律发展地方经济。凉山扶贫干部人才也要加大对贫困地区企业运营和管理人才的培养，通过鼓励当地企业经营管理者上培训课或到凉山企业实地考察的方式，把凉山企业经营管理模式弄懂弄透，并结合当地实际情况加以灵活运用，运营管理好扶贫项目，提高企业发展质量和经济效率。

二是通过言传身教，帮贫困地区干部掌握技术和经验。由于凉山等贫困地区的教育、医疗以及其他技术人才严重匮乏，而且中小学校、医院、企业等单位的人才相对于内地发达地区而言都有较大差距，很难通过自己的努力有效掌握这些技术和方法。凉山扶贫的教师、医生、科研人员和技术应用技师对当地的相应人才需要采取带徒弟的方式，通过做示范，手把手地传授，使当地人员的业务水平有较快提高。

三是通过培养干事创业精神，激发贫困人口内在潜力实现脱贫致富。对于凉山等少数民族聚居区，由于不同民族具有不同的宗教信仰、工作态

度、生活习俗，他们对干事创业和积极进取精神具有不同的理解和看法。目前有较大一部人满足于当前安逸的生活现状，缺乏干事创业精神和劳动积极性，这也是他们贫困的一个原因；某些地区居民习惯于传统的采猎生活，对现代经济发展方式也比较排斥。凉山扶贫干部人才要多与当地干部人才合作，通过他们一起改变当地贫困人口的工作和生活现状，采取教育培训、扶智扶志等方式，首先培养一批村干部和当地有一定影响的带头人的干事创业精神，让他们在干事创业和辛勤劳动中获得较好收益，过上相对富足的生活，再通过村干部和地方带头人影响到普通民众和贫困人口，激励大家一起干事创业，通过激发贫困人口内在潜力的方式实现扶贫的目的。

第四章

凉山扶贫队伍建设现状及影响因素分析

凉山扶贫成效好坏主要还是取决于各级扶贫干部队伍的能力大小和思想态度。乡镇干部的精准扶贫能力建设关系到脱贫攻坚工作的顺利开展，直接影响着精准扶贫脱贫的成效。根据以往扶贫工作存在的问题和不足，要着力加强乡镇基层干部的学习能力、调查研究能力、领导执行能力、创新能力建设；针对现阶段在管理体制、工作作风和激励机制等方面存在的问题，应着力做好干部培训、管理体制规范和组织文化变革等方面的工作。

第一节　凉山扶贫队伍现状

一、凉山扶贫干部队伍数量和结构状况

凉山州在党中央高度重视和关心下、在四川省委省政府大力支持和领导下，全体干部身体力行、全力以赴投入凉山脱贫攻坚的宏伟大业中。截至2019年底，全州共有干部27783人，其中州级部门3506人，县市（包括乡镇）24277人。一级科员及以下人员5397人，四级主任科员及以上干部19363人。女性干部8610人，占30.99%，少数民族干部12626人，占45.45%，中共党员22024人，占79.27%。研究生及以上学历987人，占3.56%；大学本科15434人，占55.55%；大学专科10347人，占37.24%；中专及以下1015人，占3.65%。35岁及以下7929人，占28.54%；36至50

岁 12355 人，占 44.47%；51 岁及以上 7499 人，占 26.99%。① 根据上述统计数据可见，凉山州干部年龄结构较好，干部主体以中青年为主，处于发展干事的高峰期；凉山州干部的学历结构表明，干部文化素质较高，为凉山州的脱贫攻坚事业发展奠定了人才基础。

近几年，四川凉山州不断创新扶贫干部选派模式，选派了 2072 名第一书记投身脱贫攻坚。截至目前，共有 377 名第一书记被提拔重用，他们大都已是第二个任期。此外，2018 年 6 月 20 日，凉山州正式组建了脱贫攻坚综合帮扶工作队，5700 余名来自四川省各级各领域的援彝干部分赴凉山州 11 个深度贫困县，开展为期三年的脱贫攻坚和综合帮扶工作。他们不仅可以将新的理念带进大凉山，还可以发挥“桥梁”作用，将凉山优质的农牧产品与外界“嫁接”，成为助力民众脱贫致富的“万金油”。

二、凉山扶贫干部队伍建设与管理状况

（一）凉山扶贫干部队伍选派情况

凉山州是全国最大的彝族聚居区。20 世纪 50 年代，凉山实行民主改革，从奴隶社会一步跨入社会主义社会。由于自然条件差和发展相对不足，住房、道路、产业等看得见的贫困与思想观念、文化教育等诸多问题交织叠加，是全国集中连片深度贫困地区之一，17 个县市中有 11 个国家扶贫开发工作重点县，且均为深度贫困县。习近平总书记强调，深度贫困地区是我国脱贫攻坚的坚中之坚，要打好深度贫困地区的脱贫攻坚战，就需要选派最有能力的干部人才才能实现脱贫目标。2018 年 2 月，习近平总书记深入昭觉县看望贫困群众，随后在成都主持召开座谈会，强调打好脱贫攻坚战，关键在人，在人的观念、能力、干劲。

---

① 数据来源：根据凉山州政府提供数据整理。

近年来，四川省在脱贫攻坚上坚持“用人导向是最重要的导向”。2018 年 3 月，四川脱贫攻坚“贫中之贫、难中之难”的凉山彝族自治州，拿出 101 个乡镇领导班子成员岗位，面向驻村第一书记遴选，以强化驻村干部的激励。深度贫困地区作为脱贫攻坚主战场，同时也是检验、发现优秀干部的第一线，要积极鼓励优秀干部能够深入一线磨炼，扎根脱贫攻坚主战场。

四川省把深度贫困地区作为锻炼干部、选拔干部的重要平台，最大限度地调集优秀干部人才资源下沉到贫困村。凉山州更是坚持“脱贫攻坚主战场，就是检验、发现优秀干部的第一线”。凉山州明确“凡提必下”，要求州县两级部门出现职位空缺时，同等条件下优先提拔第一书记，否则须向州委组织部、县委组织部作出说明。

（二）凉山扶贫干部队伍管理培养情况

为确保深度贫困地区的脱贫攻坚成效，四川省委、省政府高度重视各级扶贫驻村干部的管理工作。四川省对第一书记的日常管理主要有四个方面：实行考勤管理，明确第一书记驻村工作时间不低于全年工作日总数的 2/3；实行工作日志制，按日逐项记录每天工作情况；实行随机查岗，督查其在岗履职情况；实行倒查问责，对发现的问题厘清责任，分别约谈第一书记、派出单位主要负责人。

对于那些从凉山州外选调来扶贫挂职的第一书记，凉山深度贫困地区的贫穷状况深深刺痛了他们，通过近距离触摸到贫困的角落，使这些驻村干部对基层有了更真切的了解。同时，也使每位第一书记在大我与小我之间、在得与失之间、在内心里都有了新的认知和权衡。

四川省及凉山州对于驻村扶贫干部一直很重视，时刻不忘提拔培养这些驻村干部，强调不让脱贫攻坚一线干部受累又流泪。四川省 2017 年出台了关心激励脱贫攻坚一线干部 22 条措施，明确今后新提拔进入县乡党政领导班子和县直部门班子的，优先考虑有第一书记工作经历的优秀干部；每年从第一书记中定向选拔一批乡镇领导班子成员、考录一批乡镇公务员。

2017 年，四川省对第一书记进行了轮换。6400 多名第一书记符合条件轮换，其中七成主动请战留下，投身第二轮脱贫攻坚。四川省委组织部有关负责人指出，在 2.1 万余名第一书记中，四川省对于在精准脱贫攻坚战中干得好的扶贫干部厚爱有加，提拔重用 2965 名。① 与此同时，对一线扶贫干部也进行严管实督，全省累计调整召回 2975 人。

（三）凉山扶贫干部队伍培训情况

凉山州不仅重视扶贫驻村干部的提拔培养，还极为重视扶贫驻村干部的业务和能力培训，先后举办了 8 期“凉山大讲堂”专题培训活动。2018 年 12 月 17 日，脱贫攻坚系列专题“凉山大讲堂”第七期、第八期在凉山州相继举办，至此该系列专题培训圆满画上句号。自 2018 年 9 月以来，省委组织部牵头协调省级有关部门到凉山州开展送教下乡活动，采取“西昌主会场，深度贫困县、乡镇分会场”网络视频直播培训方式，共举办脱贫攻坚系列专题“凉山大讲堂”8 期、设置讲座 14 堂，累计培训州、县、乡、村扶贫干部 13 万余人次，实现凉山州扶贫干部全覆盖培训。②

“凉山大讲堂”第七期、第八期在 17 日当天分别举行。上午，省卫生健康委相关负责同志就“深入推进计生和健康扶贫工作”开展两堂讲座；下午，省商务厅相关负责同志以“电子商务助推脱贫攻坚”为题作专题辅导。和往期一样，大讲堂在西昌设置 1 个主会场，其余各县和全州具备条件的乡镇设置分会场 500 余个，采取网络视频直播方式进行。主讲人结合凉山州具体实际，分别从计生、健康扶贫以及电子商务扶贫的目的意义、

---

① 数据来源：刘裕国，王明峰，孔祥武，宋豪新．调查：377 名“最能打的”扶贫干部被提拔重用［N］．人民网，人民日报，2018 年 4 月 27 日．

② 资料来源：林凌．凉山州各级扶贫干部实现全覆盖培训［N］．四川日报，2018 年 12 月 21 日．

形势任务、具体政策、工作举措等方面作了深刻解读和全面辅导。

针对性的内容设置和深入浅出的讲解深受参训学员欢迎。广大参训学员认为，在深入推进脱贫攻坚工作的关键时刻，这种以实践和问题为导向的培训模式，非常及时、非常有效，有助于帮助大家提升工作能力和专业水平，同时将培训班办到干部“家门口”，也极大地缓解了工学矛盾。

省委组织部相关负责人表示，此轮“凉山大讲堂”是在深入凉山州深度贫困县广泛调研干部培训需求的基础上提出并实施的，8 期大讲堂围绕金融扶贫、健康扶贫、山地农业发展、扶贫领域作风整治等凉山州扶贫干部亟需学习掌握的专题内容，邀请全省相关领域懂政策、有实战经验的领导干部和专家为广大扶贫干部进行在线直播培训，一定程度上降低了培训成本，提高了培训的针对性和覆盖面。今后，四川省将进一步总结完善并推广运用这种培训模式，推动深度贫困地区干部教育培训帮扶工作不断出实效、上台阶。

第二节　凉山扶贫队伍现存问题分析

凉山基层扶贫干部能力的高低直接影响脱贫攻坚工作的好坏，关系到贫困地区的长远、健康和稳定发展。面对新情况、新常态，建设一支政治上坚强有力、经得起风浪考验的高素质干部队伍，对经济社会稳定和发展至关重要，但基层扶贫干部面临问题突出。

一是工作任务重。乡镇是上级党委政府所有任务的最终执行者和落实者。上面千条线，下面一根针，是对乡镇工作最形象的写照。每一个乡镇都要对着上面几十个部门。同时，各个乡镇每年还有大量的属于本区域的具体工作要开展。加上脱贫攻坚的重任以及基础条件的限制，贫困乡镇需要投入的精力将是其他乡镇的几倍，致使干部身心疲惫。例如，长期的加班没有时间陪伴亲人让许多干部心理不平衡，并逐步滋生对当前工作的厌倦情绪。

二是干部关怀不到位。乡镇工作千头万绪，工作多，责任多，出问题就多，没有健全的容错纠错机制，随之而来的是问责多，使之成为一张无形的大网，造成恐惧心理，干部压力增大。例如，不论事大事小，只要属于辖区内出的问题，按照属地管理原则，乡镇干部都要被严肃问责。导致乡镇干部干事创业热情消退，从而形成了“不干不错，少干少错”的观念。

三是文山会海，督查检查多。各种文件、会议连绵不断，有的文件、会议过于冗长，无实质性内容；有的与单位实际工作关系不大；有的基层领导干部来回上百公里，却开了无关紧要的会，使基层领导干部浪费了大量的时间、精力和资源，很难集中精力去筹划扶贫工作。多部门多形式、大大小小的各类检查考核，使基层有限的人力资源多数用来应付上级下达的各项任务，一些主要干部常常陪检查、忙应酬，但仍顾此失彼，给基层干部造成了极大的心理压力，使基层领导干部长期处于神经紧张状态，让基层领导干部深感疲惫，可以说是疲于应付且缺少成就感。

此外，当前在凉山开展精准扶贫工作中还存在着以下三方面的困难和问题：

1. 认识不到位，合力未形成

一些部门和干部潜意识认为扶持到户很难出“成绩”，导致有的帮扶单位和帮扶干部没有把心思用在扶贫工作上，开展精准扶贫工作近一年时间，到底扶谁、怎样扶尚未完全搞清楚。村干部只热衷于争取和实施覆盖面大的基础设施建设项目，对于到户产业项目不热心，感到落实、实施难度大，不愿投入精力抓落实。

2. 贫困户主观脱贫意识差，发展意识不强

一是多数贫困人口文化素质低、思想保守，思维观念还停留在自给自足的自然经济时期，没有发展动力，安于现状。国家诸多惠农政策的实施和兑现，社会各界捐资捐物，使部分贫困户产生了严重的依赖思想。

在入户走访过程中，我们发现，少数贫困户当被问及打算发展啥产业、如何发展拔穷根时，则不假思索地说："我现在是三无，无钱、无劳动力、无技术，啥都搞不成，你们既是来扶贫的，请你们给我安排低保。"二是就业观念严重落后。相当一部分的贫困户处在小钱不愿赚、大钱赚不来的状态。

3. 社会参与度不高，氛围不浓

一是一些集体企业、私营企业、个体工商老板的社会责任感不强，没有主动参与社会扶贫的意识，特别是对扶持贫困户发展经济、新建产业兴趣不浓，认为做这项公益活动时间跨度长、见效慢、成效难以在短时间内显现。二是对社会扶贫的认识模糊，认为办公益就是社会扶贫的全部内容，忽视了支持农户发展、增加造血功能这一重要内容。支持公益事业发展的确是扶贫工作的重要组成部分，但公益事业可以通过申报争取国家基础设施项目解决，而扶持贫困户产业发展资金短缺，才是开展扶贫工作的最大短板。这一短板并未引起全社会的关注和倾力支持。

近年来，上述精准扶贫面临的问题有所转变。例如，为进一步加强组织关怀，做实援凉脱贫后方保障，激励"前线"干部奋发有为、继续攻坚，在2020年中秋、国庆佳节即将来临之际，广安市、华蓥市继续开展了赴凉山州脱贫攻坚综合帮扶工作队队员家属集中慰问座谈活动，使广大扶贫干部切身体会到了组织的热情关怀和鼓舞。尤其是近年来华蓥市立足全国、全省脱贫攻坚大局，全力支持援凉综合帮扶工作，通过制定一系列保障措施、落实各项关心关爱政策，努力为援凉综合帮扶工作队创造安心、放心、舒心的"前后方"工作环境，有效激发援凉干部干事创业激情，有力促进帮扶队员更加凝心聚神、埋头苦干，高质量完成综合帮扶各项目标任务，为打赢脱贫攻坚收官之战奠定了坚实基础。

第三节　对口援助扶贫队伍绩效影响案例分析——以北京为例

当前，凉山州各县市扶贫干部队伍素质状况、能力状况和工作状态从根本上决定了凉山州整体扶贫脱贫成效。此外，凉山州对口援助协作情况也对凉山州的扶贫脱贫绩效有着重要影响作用，甚至在一定程度上可能决定了凉山州的全面脱贫进程。根据中央安排，对口援助凉山州的县市主要来自四川省内外较为发达的县市区，可以说对口援助资源充足，援助力度空前。为进一步加强凉山州的对口援助协作成效，深入探讨凉山州对口援助协作成效的影响因素，本节以北京市对口援助协作地区的实际调研情况分析作为案例，供凉山州在结对对口援助协作制定决策时参考。

一、北京市对口援助调研问卷设计及研究方法

1. 研究内容的设计

为探讨北京市援派干部人才扶贫协作工作成效及影响因素，课题组专门研究设计了三套问卷，分别为援派单位领导问卷、援派干部人才问卷和受援地领导问卷。通过这三套问卷的发放、认真填写以及回收整理、数据录入和实证分析，就可以深入探析影响北京市援派干部人才扶贫协作作用发挥的诸多因素。三套问卷的选项组成基本一致，均由六个部分组成，不同套的问卷只是某些题目内容不同。利用五点李克量表从援派干部人才的基本情况、援派干部人才的扶贫协作工作情况、援派干部人才扶贫协作方式、援派干部人才的扶贫协作工作影响因素、援派干部人才团队建设以及援派干部人才的考核激励机制等六个方面设计援派干部人才聚焦扶贫协作作用发挥机制调查问卷。每套问卷基本上有40多项结构化试题，涵盖了上述六个部分的内容。为便于分析，每个选项均设置一个变量名，其中基本

情况的选项大部分由英文大写字母简称为变量名。将问卷整理录入的数据引入 SPSS17 软件中即可开展各项分析。

2. 样本基本概况

本次调查面向北京市对口援助七个省区共发出 775 份问卷，回收 727 份，其中有效问卷 682 份，总体回收率为 93.81%，总体有效率为 93.81%。其中援派干部人才问卷发放 350 份，回收 328 份，有效问卷 307 份，总体回收率为 93.71%，总体有效率为 93.60%；受援地领导干部问卷发放 425 份，回收 399 份，有效问卷为 375 份，总体回收率为 93.88%，总体有效率为 93.98%。此外，面向本市援派单位领导发放问卷 53 份，回收 46 份，其中有效问卷为 42 份，总体回收率为 86.8%，总体有效率为 91.3%。

3. 资料分析方法

本课题研究以 SPSS17 软件对问卷数据进行分析，具体使用方法包括：对本研究的样本基本情况做对比性的描述统计分析，主要是对三类问卷的同一选项进行比较分析；针对本研究设计的复选选项，每一选项均设有一个编码，并进行多重响应分析；此外，对本研究设计的有关问卷选项做项目分析，删除鉴别度不高的选项；再采用 L. J. Cronbach 所创的 α 系数做信度检验。此外，针对多项选项进行列联表分析，以了解不同群体选择的分布情况，重点是不同选项的排序分析。

二、北京市援派单位和受援地领导问卷实证分析

1. 关于援派干部人才的基本情况对比分析

（1）关于援派干部人才的年龄分布。通过援派单位领导问卷和受援地领导问卷调查结果分析，发现有 50.0% 的援派单位领导认为援派干部人才年龄应该在 35 至 40 岁，这一年龄段也备受受援地领导青睐，其占比为 49.6%；其次为 41 至 45 岁和 35 岁以下的援派干部人才较受欢迎，受援地领导认为其占比分别为 24.8% 和 23.2%；援派单位领导认为这两个年龄段的援派干部人才比例分别为 23.8% 和 19.0%。两类问卷认为援派干部人才

年龄在45岁以上的比例均很小，可见大龄援派干部人才不被看好。有关数据可参考表4.1。

表4.1　援派单位和受援地领导期望援派干部人才的年龄分布

选项		援派单位领导问卷		受援地领导问卷	
		频率	百分比（%）	频率	百分比（%）
有效	35岁以下	8	19.0	87	23.2
	35至40岁	21	50.0	186	49.6
	41至45岁	10	23.8	93	24.8
	46至50岁	3	7.2	8	2.1
	50岁以上	0	0	1	0.3
	合计	42	100.0	375	100.0

（2）关于援派干部人才的学历分布。问卷调查表明，援派单位领导和受援地领导均倾向于选派高学历干部人才，其中大学学历比例分别为88.1%和50.1%，大学及以上学历援受双方的比例均超过90%。有关数据可参考表4.2。

表4.2　援派单位和受援地领导期望援派干部人才的学历分布

选项		援派单位领导问卷		受援地领导问卷	
		频率	百分比（%）	频率	百分比（%）
有效	大专及以下学历	1	2.4	25	6.7
	大学学历	37	88.1	188	50.1
	研究生学历	4	9.5	155	41.3
	其他学历（成人及党校）	0	0	7	1.9
	合计	42	100.0	375	100.0

（3）关于援派干部人才的单位类别。问卷调查表明，援派单位领导和受援地领导更倾向于选派区县级机关干部人才，其中援受双方支持比例分别为35.7%和34.1%，援派单位领导倾向于选派机关单位和街道乡镇干部

人才，受援地领导对事业单位干部人才的倾向比重大于企业单位。有关数据可参考表4.3。

表4.3 援派单位和受援地领导期望援派干部人才的单位类别

选项		援派单位领导问卷		受援地领导问卷	
		频率	百分比（%）	频率	百分比（%）
有效	街道乡镇	14	33.4	90	24.0
	区县级机关	15	35.7	128	34.1
	市级机关	9	21.4	122	32.5
	事业单位	0	0	24	6.5
	企业单位	4	9.5	11	2.9
	合计	42	100.0	375	100.0

（4）关于援派干部人才的工龄长度。问卷调查表明，援派单位领导和受援地领导均倾向于选派具有一定工作经验的干部人才，其中援派单位领导更倾向于选派工龄为11至15年的干部人才，比例为45.2%，而受援地领导更多支持选派工龄为5至10年的干部人才，比例为40.0%。有关数据可参考表4.4。

表4.4 援派单位和受援地领导期望援派干部人才的工龄分布

选项		援派单位领导问卷		受援地领导问卷	
		频率	百分比（%）	频率	百分比（%）
有效	5年以下	2	4.8	22	5.9
	5至10年	16	38.1	150	40.0
	11至15年	19	45.2	145	38.7
	16至20年	4	9.5	47	12.5
	20年以上	1	2.4	11	2.9
	合计	42	100.0	375	100.0

（5）关于援派干部人才的职务类别。问卷调查表明，援派单位领导和受援地领导对于选派干部人才的职务类别看法不同，援派单位领导首选的

是副处长级干部，其次为科长级干部；受援地领导则首选为科长级干部，其次为副处长级干部，这可能是考虑到科长级援派干部人才更为务实肯干。有关数据可参考表4.5。

表4.5 援派单位和受援地领导期望援派干部人才的职务类别

选项		援派单位领导问卷		受援地领导问卷	
		频率	百分比（%）	频率	百分比（%）
有效	主任科员及以下	7	16.7	72	19.2
	科长	10	23.8	133	35.5
	副调研员	7	16.6	24	6.4
	副处长	17	40.5	107	28.5
	调研员	0	0	3	0.8
	处长	1	2.4	15	4.0
	副局级及以上职务	0	0	21	5.6
	合计	42	100.0	375	100.0

（6）关于援派干部人才的职称类别。问卷调查表明，援派单位领导和受援地领导对于选派干部人才的职称类别有所区别，援派单位领导首选的是中级职称干部人才，其次为无职称干部；受援地领导则次选为高级职称干部人才，受援地领导更倾向于选派职称级别相对较高的干部人才，这可能是考虑这些援派干部人才更能发挥作用。有关数据可参考表4.6。

表4.6 援派单位和受援地领导期望援派干部人才的职称类别

选项		援派单位领导问卷		受援地领导问卷	
		频率	百分比（%）	频率	百分比（%）
有效	无	9	21.4	41	10.9
	初级	8	19.0	30	8.0
	中级	23	54.8	163	43.5
	高级	2	4.8	141	37.6
	合计	42	100.0	375	100.0

（7）关于街道或乡镇援派干部人才是否为副处级以上。问卷调查表明，援派单位领导更多认为街道或乡镇援派干部是否为副处级以上无所谓，是也可以；受援地领导则认为最好是副处级以上，不是也可以。有关数据可参考表 4.7。

表 4.7　援派单位和受援地领导期望援派干部人才是否为副处级以上的情况

选项		援派单位领导问卷		受援地领导问卷	
		频率	百分比（%）	频率	百分比（%）
有效	是	17	40.4	195	52.0
	否	2	4.8	31	8.2
	没关系	23	54.8	149	39.8
	合计	42	100.0	375	100.0

（8）关于援派干部人才是否具有援派工作经历。问卷调查表明，援派单位领导和受援地领导对于选派干部人才有援派工作经历看法基本一致，但受援地领导更强调有援派工作经历为好。这可能是考虑到有过援派经历的干部人才更了解受援地情况，更好开展工作。有关数据可参考表 4.8。

表 4.8　援派单位和受援地领导期望援派干部人才的援派工作经历情况

选项		援派单位领导问卷		受援地领导问卷	
		频率	百分比（%）	频率	百分比（%）
有效	有	7	16.6	132	35.2
	没有	1	2.4	36	9.6
	没关系	34	81.0	207	55.2
	合计	42	100.0	375	100.0

2. 关于援派干部人才的扶贫协作工作情况对比分析

（1）援派干部人才选派方式与工作时间情况。问卷调查表明，援派单位领导和受援地领导对于援派干部人才的选派方式选择相反，援派单位领导更倾向于主动报名；受援地领导则首选为组织动员选派，这可能是考虑到组织动员选派较为正式可靠。援派单位领导和受援地领导都倾向于援派干部人才每年在受援地工作时间为 11 至 12 个月，认为工作 9 至 10 个月的比例也较大。此外，援派单位领导和受援地领导均建议援派时间一般为 2 年较好。受援地领导认为援派时间为 3 年的比例也较大，为 29. 4%。相对而言，受援地领导认为援派时间较长为好，而援派单位领导认为援派时间较短为好。有关数据可参考表 4. 9 至表 4. 11。

表 4. 9　援派单位和受援地领导认为援派干部人才的选派方式

选项		援派单位领导问卷		受援地领导问卷	
		频率	百分比（%）	频率	百分比（%）
有效	主动报名	25	59. 5	180	48
	组织动员选派	17	40. 5	195	52
	合计	42	100. 0	375	100. 0

表 4. 10　援派单位和受援地领导认为援派干部人才每年在受援地工作时间

选项		援派单位领导问卷		受援地领导问卷	
		频率	百分比（%）	频率	百分比（%）
有效	6 个月以下	0	0	18	4. 8
	6 至 8 个月	5	11. 9	79	21. 1
	9 至 10 个月	12	28. 6	106	28. 2
	11 至 12 个月	25	59. 5	172	45. 9
	合计	42	100. 0	375	100. 0

表 4. 11　援派单位和受援地领导建议援派干部人才的援派时间

选项		援派单位领导问卷		受援地领导问卷	
		频率	百分比（%）	频率	百分比（%）
有效	半年及以内	0	0	5	1.3
	1 年	12	28.6	47	12.5
	2 年	20	47.6	146	38.9
	3 年	7	16.7	110	29.4
	3 年以上	3	7.1	67	17.9
	合计	42	100.0	375	100.0

（2）援派干部人才发挥作用与不足情况。援派单位领导和受援地领导均认为援派干部人才扶贫协作成效更多表现为较好和很好，所占比例均达到40%以上，有关数据可参考表 4. 12。在希望援派干部人才发挥作用方面，援派单位领导和受援地领导均认为首先要发挥“推动受援两地经济交流合作和桥梁纽带作用”；其次是“落实帮扶项目”，有关数据可参考表 4. 13。在评价援派干部人才发挥不足方面，援派单位领导认为“措施到户精准”不够，其次是“项目安排精准”不够，这 点与受援地领导评价有所区别，有关数据可参考表 4. 14。在评价援派干部人才工作不理想方面，援派单位领导认为首要的是“产业合作”不理想；受援地领导认为首要的是“创新创造”不够，其次是“产业合作”不够，有关数据可参考表 4. 15。

表 4.12　援派单位和受援地领导对援派干部人才扶贫协作成效评价

选项		援派单位领导问卷		受援地领导问卷	
		频率	百分比（%）	频率	百分比（%）
有效	很差	0	0	10	2.7
	较差	1	2.4	15	4.0
	一般	4	9.5	37	9.9
	较好	18	42.9	155	41.3
	很好	17	40.5	153	40.8
	难评价	2	4.7	5	1.3
	合计	42	100.0	375	100.0

表 4.13　援派单位和受援地领导期望援派干部人才发挥作用的方面

选项		援派单位领导问卷			受援地领导问卷		
		响应			响应		
		N	百分比	个案百分比	N	百分比	个案百分比
第一题	A61	29	23.4%	69.0%	242	22.7%	64.5%
	A62	11	8.9%	26.2%	160	15.0%	42.7%
	A63	16	12.9%	38.1%	124	11.6%	33.1%
	A64	33	26.6%	78.6%	271	25.4%	72.3%
	A65	17	13.7%	40.5%	148	13.9%	39.5%
	A66	5	4.0%	11.9%	79	7.4%	21.1%
	A67	13	10.5%	31.0%	30	2.8%	8.0%
	A68	0	0	0	11	1.2%	2.9%
	总计	124	100.0%	295.3%	1065	100.0%	284.1%

注：A61：落实帮扶项目；A62：开展干部人才培训；A63：传帮带；A64：推动受援两地经济交流合作和桥梁纽带作用；A65：聚集后方资源引入受援地；A66：开展劳务合作帮助就业；A67：配合落实国务院扶贫考核；A68：其他

表 4.14　援派单位和受援地领导认为援派干部人才发挥不足的方面

选项		援派单位领导问卷			受援地领导问卷		
		响应			响应		
		N	百分比	个案百分比	N	百分比	个案百分比
第二题	A71	9	11.0%	21.4%	81	12.0%	21.7%
	A72	22	26.8%	52.4%	169	25.0%	45.2%
	A73	9	11.0%	21.4%	108	16.0%	28.9%
	A74	23	28.0%	54.8%	157	23.3%	42.0%
	A75	19	23.2%	45.2%	160	23.7%	42.8%
	总计	82	100.0%	195.2%	675	100.0%	180.6%

注：A71：扶持对象精准；A72：项目安排精准；A73：资金使用精准；A74：措施到户精准；A75：脱贫成效精准

表 4.15　援派单位和受援地领导认为援派干部人才工作不理想的方面

选项		援派单位领导问卷			受援地领导问卷		
		响应			响应		
		N	百分比	个案百分比	N	百分比	个案百分比
第三题	A81	4	5.1%	9.5%	46	6.3%	12.6%
	A82	9	11.5%	21.4%	55	7.6%	15.1%
	A83	11	14.1%	26.2%	78	10.8%	21.4%
	A84	21	26.9%	50.0%	127	17.5%	34.9%
	A85	9	11.7%	21.4%	78	10.8%	21.4%
	A86	4	5.1%	9.5%	49	6.8%	13.5%
	A87	8	10.3%	19.0%	80	11.0%	22.0%
	A88	3	3.8%	7.1%	67	9.2%	18.4%
	A89	9	11.5%	21.4%	145	20.0%	39.8%
	总计	78	100.0%	185.5%	725	100.0%	199.1%

注：A81：组织领导；A82：人才支援；A83：资金项目；A84：产业合作；A85：劳务协作；A86：携手奔小康；A87：社会动员；A88：信息宣传；A89：创新创造

（3）援派干部人才与援受两方沟通合作情况。援派单位领导认为援派干部人才应与援派单位“每季度 1 次”沟通，受援地领导则认为沟通最好“每月 1 次”，以便加强交流，有关数据可参考表 4.16。援派单位领导和受援地领导均认为援派干部人才与受援单位团队更多表现为“配合较好”，工作关系融洽，有关数据可参考表 4.17。援派单位领导和受援地领导均认为受援地对援派干部人才工作更多表现为“较支持”“十分支持”，有关数据可参考表 4.18。

表 4.16　援派单位和受援地领导认为援派干部人才应与援派单位沟通情况

选项		援派单位领导问卷		受援地领导问卷	
		频率	百分比（%）	频率	百分比（%）
有效	每月多次	15	35.7	98	26.2
	每月 1 次	9	21.4	160	42.7
	每季度 1 次	16	38.1	77	20.5
	每半年 1 次	2	4.8	36	9.6
	很少	0	0	4	1.0
	合计	42	100.0	375	100.0

表 4.17　援派单位和受援地领导认为援派干部人才与受援单位团队关系

选项		援派单位领导问卷		受援地领导问卷	
		频率	百分比（%）	频率	百分比（%）
有效	基本没有联系	0	0	7	1.9
	有联系但不多	3	7.1	27	7.2
	一般	5	11.9	36	9.6
	配合较好	27	64.3	175	46.7
	完全融入	7	16.7	130	34.6
	合计	42	100.0	375	100.0

表4.18　援派单位和受援地领导认为受援地对援派干部人才工作支持情况

选项		援派单位领导问卷		受援地领导问卷	
		频率	百分比（%）	频率	百分比（%）
有效	很难配合	0	0	28	7.5
	较难配合	0	0	19	5.1
	一般	8	19.0	28	7.4
	较支持	28	66.7	98	26.1
	十分支持	6	14.3	202	53.9
	合计	42	100.0	375	100.0

3. 关于援派干部人才的扶贫协作方式对比分析

援派单位领导和受援地领导均认为“产业扶贫”最重要，其次为“教育扶贫”。受援地领导强调第三重要的是“就业扶贫”，而援派单位领导则认为“健康扶贫”为第三重要，有关数据可参考表4.19。援派单位领导和受援地领导均认为北京市较有效的扶贫方式首先为“产业合作”，其次为“人才支援”，再次为“资金支持”，有关数据可参考表4.20。援派单位领导和受援地领导更多认为北京市专技人才采取定期巡回轮换方式较好，有关数据可参考表4.21。

表4.19　援派单位和受援地领导认为较有效的扶贫方式

选项		援派单位领导问卷			受援地领导问卷		
		响应			响应		
		N	百分比	个案百分比	N	百分比	个案百分比
第一题	B11	34	28.6%	81.0%	309	29.4%	82.4%
	B12	31	26.1%	73.8%	237	22.5%	63.2%
	B13	20	16.8%	47.6%	217	20.6%	57.9%
	B14	22	18.5%	52.4%	124	11.8%	33.1%
	B15	5	4.2%	11.9%	43	4.1%	11.5%
	B16	4	3.4%	9.5%	77	7.3%	20.5%
	B17	3	2.4%	7.1%	37	3.5%	9.9%
	B18	0	0	0	7	0.8%	1.9%
	总计	119	100.0%	283.3%	1051	100.0%	280.4%

注：B11：产业扶贫；B12：教育扶贫；B13：就业扶贫；B14：健康扶贫；B15：易地扶贫搬迁；B16：生态扶贫；B17：危房改造；B18：其他方式

表 4.20　援派单位和受援地领导认为北京市较有效的扶贫方式

选项		援派单位领导问卷			受援地领导问卷		
		响应			响应		
		N	百分比	个案百分比	N	百分比	个案百分比
第二题	B21	29	26.6%	69.0%	324	33.5%	86.4%
	B22	6	5.5%	14.3%	99	10.2%	26.4%
	B23	28	25.8%	66.7%	250	25.8%	66.7%
	B24	28	25.6%	66.7%	232	24.0%	61.9%
	B25	18	16.5%	42.9%	63	6.5%	16.8%
	总计	109	100.0%	259.6%	968	100.0%	258.2%

注：B21：产业合作；B22：省际劳务协作；B23：人才支援；B24：资金支持；B25：动员社会参与

表 4.21　援派单位和受援地领导认为专技人才更好发挥作用方式

选项		援派单位领导问卷		受援地领导问卷	
		频率	百分比（%）	频率	百分比（%）
有效	分散式派任	8	19.0	75	20
	组团式派任	13	31.0	129	34.4
	定期巡回轮换	20	47.6	163	43.5
	其他	1	2.4	8	2.1
	合计	42	100.0	375	100.0

4. 关于援派干部人才的扶贫协作成效影响对比分析

援派单位领导认为影响援派干部人才扶贫协作工作效果的首要因素是“当地干部的配合支持”，其次是“援派干部人才能力素质”；受援地领导则认为首要因素是“投入的资金和项目数量”，其次是“扶贫工作体制机制”，再次是“援派干部人才能力素质”。在援派单位影响扶贫协作工作效果因素方面，援派单位领导认为首先是“产业合作、劳务协作精准对接不够”，其次是“激励不够”；受援地领导认为首要的因素是“产业合作、劳务协作精准对接不够”，其次是“资金项目不足”，再次是“激励不够”。在受援地影响扶贫协作工作效果因素方面，援派单位领导认为首先是“受援对象配合程度”，其次是“受援地资源禀赋”，再次是“受援地干部配合程度”。受援地领导则认为首先是“受援地资源禀赋”，其次是“受援地干部配合程度”，再次是“受援地领导重视度”。在援派干部人才影响扶贫协作工作效果因素方面，援派单位领导认为首先是“工作方式方法”，其次是“能力素质”和“主观能动性”，再次是“对扶贫工作认识”；受援地领导则认为首要因素是“能力素质”，其次是“工作方式方法”，再次是“主观能动性”。在受援地对援派干部人才分配工作方面，援派单位领导认为主要是“扶贫协作”工作，受援地领导则认为主要是“以扶贫协作为主”兼有其他工作。在援派干部人才工作分工聚焦于扶贫协作方面，援派单位和受援地领导选择一致，均认为应该“大部分是”。在援派干部人才以国发办考核推进工作方面，援派单位和受援地领导分别认为应该“大部分是”和“完全是”。在判断当前援派干部人才的工作状态方面，援派单位和受援地领导均认为援派干部人才大部分工作积极热情，大多数能完成任务要求。在确保援派干部人才更好工作的任职状态方面，援派单位强调要“实职实权”而受援地领导则更强调“实职协作”。有关数据可参考表 4. 22 至表 4. 30。

表 4. 22　援派单位和受援地领导认为援派干部人才扶贫协作工作效果的影响因素

选项		援派单位领导问卷			受援地领导问卷		
		响应			响应		
		N	百分比	个案百分比	N	百分比	个案百分比
第一题	C11	22	18. 3%	52. 4%	159	15. 4%	42. 4%
	C12	29	24. 2%	69. 0%	151	14. 6%	40. 3%
	C13	19	15. 8%	45. 2%	160	15. 5%	42. 7%
	C14	9	7. 5%	21. 4%	188	18. 2%	50. 1%
	C15	3	2. 5%	7. 1%	39	3. 8%	10. 4%
	C16	12	10. 0%	28. 6%	138	13. 4%	36. 8%

续表

选项		援派单位领导问卷			受援地领导问卷		
		响应			响应		
		N	百分比	个案百分比	N	百分比	个案百分比
第一题	C17	0	0	0	18	1.7%	4.8%
	C18	2	1.7%	4.8%	24	2.3%	6.4%
	C19	11	9.2%	26.2%	24	2.3%	6.4%
	C110	5	4.2%	11.9%	43	4.2%	11.5%
	C111	8	6.6%	19.0%	58	5.6%	15.5%
	C112	0	0	0	31	3.0%	8.3%
	总计	120	100.0%	285.6%	1033	100.0%	275.6%

注：C11：援派干部人才能力素质；C12：当地干部的配合支持；C13：扶贫工作体制机制；C14：投入的资金和项目数量；C15：参与扶贫工作人数；C16：后方单位支持力度；C17：国务院扶贫办考核压力的传导力度；C18：形式主义；C19：当地党委政府的领导与支持力度；C110：当地资源禀赋；C111：受援群众的配合程度和内在动力；C112：其他

表4.23　援派单位和受援地领导认为援派单位影响扶贫协作工作效果因素

选项		援派单位领导问卷			受援地领导问卷		
		响应			响应		
		N	百分比	个案百分比	N	百分比	个案百分比
第二题	C21	16	18.4%	38.1%	174	23.0%	47.0%
	C22	15	17.2%	35.7%	97	12.8%	26.2%
	C23	10	11.6%	23.8%	87	11.6%	23.5%
	C24	24	27.6%	57.1%	232	30.6%	62.7%
	C25	21	24.1%	50.0%	157	20.7%	42.4%
	C26	1	1.1%	2.4%	10	1.3%	2.7%
	总计	87	100.0%	207.1%	757	100.0%	204.5%

注：C21：资金项目不足；C22：援派人才不足；C23：领导重视不够；C24：产业合作、劳务协作精准对接不够；C25：激励不够；C26：其他

表 4. 24　援派单位和受援地领导认为受援地影响扶贫协作工作效果因素

选项		援派单位领导问卷			受援地领导问卷		
		响应			响应		
		N	百分比	个案百分比	N	百分比	个案百分比
第三题	C31	23	21.5%	54.8%	205	23.5%	56.5%
	C32	17	15.9%	40.5%	144	16.5%	39.7%
	C33	22	20.6%	52.4%	171	19.6%	47.1%
	C34	7	6.5%	16.7%	49	5.6%	13.5%
	C35	8	7.5%	19.0%	117	13.3%	32.2%
	C36	24	22.4%	57.1%	113	12.9%	31.1%
	C37	5	4.7%	11.9%	68	7.8%	18.7%
	C38	1	0.9%	2.4%	7	0.8%	1.9%
	总计	107	100.0%	254.8%	874	100.0%	240.7%

注：C31：受援地资源禀赋；C32：受援地领导重视度；C33：受援地干部配合程度；C34：受援地扶贫干部数量及能量；C35：受援地资金项目投入；C36：受援对象配合程度；C37：受援群众健康状况及工作能力；C38：其他

表 4. 25　援派单位和受援地领导认为援派干部人才影响扶贫协作工作效果因素

选项		援派单位领导问卷			受援地领导问卷		
		响应			响应		
		N	百分比	个案百分比	N	百分比	个案百分比
第四题	C41	15	15.4%	35.7%	180	21.3%	48.0%
	C42	26	26.5%	61.9%	218	25.8%	58.1%
	C43	26	26.5%	61.9%	205	24.3%	54.7%
	C44	30	30.6%	71.4%	215	25.4%	57.3%
	C45	1	1.0%	2.4%	27	3.2%	7.2%
	总计	98	100.0%	233.3%	845	100.0%	225.3%

注：C41：对扶贫工作认识；C42：能力素质；C43：主观能动性；C44：工作方式方法；C45：其他

表 4.26　援派单位和受援地领导认为受援地对援派干部人才分配工作情况

选项		援派单位领导问卷		受援地领导问卷	
		频率	百分比（%）	频率	百分比（%）
有效	扶贫协作	18	42.9	102	27.2
	以扶贫协作为主	14	33.3	181	48.3
	同时兼顾	10	23.8	53	14.1
	其他工作为主	0	0	35	9.3
	与扶贫协作无关	0	0	4	1.1
	合计	42	100.0	375	100.0

表 4.27　援派单位和受援地领导认为援派干部人才工作分工聚焦于扶贫协作情况

选项		援派单位领导问卷		受援地领导问卷	
		频率	百分比（%）	频率	百分比（%）
有效	完全不是	0	0	18	4.8
	只有少部分是	0	0	44	11.7
	一般是	13	31.0	68	18.2
	大部分是	22	52.3	161	42.9
	完全是	7	16.7	84	22.4
	合计	42	100.0	375	100.0

表 4.28　援派单位和受援地领导认为援派干部人才以国发办考核推进工作情况

选项		援派单位领导问卷		受援地领导问卷	
		频率	百分比（%）	频率	百分比（%）
有效	完全不是	0	0	13	3.5
	只有少部分是	0	0	15	4.0
	一般是	8	19.0	80	21.3
	大部分是	20	47.6	123	32.8
	完全是	14	33.4	144	38.4
	合计	42	100.0	375	100.0

表 4.29　援派单位和受援地领导认为当前援派干部人才的工作状态情况

选项		援派单位领导问卷		受援地领导问卷	
		频率	百分比（%）	频率	百分比（%）
有效	难以完成任务	0	0	19	5.1
	勉强完成	1	2.4	43	11.5
	基本完成	15	35.7	111	29.6
	积极完成	18	42.9	85	22.6
	高度热情完成	8	19.0	117	31.2
	合计	42	100.0	375	100.0

表 4.30　援派单位和受援地领导认为援派干部人才更好工作的任职状态情况

选项		援派单位领导问卷		受援地领导问卷	
		频率	百分比（%）	频率	百分比（%）
有效	实职实权	21	50.0	142	37.9
	实职协作	19	45.2	177	47.2
	项目核心骨干	1	2.4	48	12.8
	其他	1	2.4	8	2.1
	合计	42	100.0	375	100.0

5. 关于援派干部人才团队建设对比分析

援派单位领导和受援地领导在援派干部人才团队建设措施方面均认为首先要“健全规章制度”，其次援派单位领导认为是“配强党组织负责人”，受援地领导则认为是“加强政策学习”。在加强援派干部人才管理方面，援派单位领导首推“规章制度建设”，其次是“当地组织部门和援派单位管理”；受援地领导则是与援派单位领导选择恰好相反，但都强调组织部门及援派单位管理。在北京市援派干部推进扶贫协作应开展的工作方面，援派单位领导认为主要是“项目管理考核评估”和“牵头与后方援派单位联系协调”工作；受援地领导则认为首先是“统筹地方扶贫协作工作”，其次也是加强

"牵头与后方援派单位联系协调"。有关数据可参考表4.31至表4.33。

表4.31 援派单位和受援地领导认为加强援派干部人才团队建设措施

选项		援派单位领导问卷			受援地领导问卷		
		响应			响应		
		N	百分比	个案百分比	N	百分比	个案百分比
第一题	D11	20	21.7%	47.6%	199	23.3%	53.9%
	D12	13	14.1%	31.0%	173	20.3%	46.9%
	D13	13	14.1%	31.0%	94	11.0%	25.5%
	D14	11	12.0%	26.2%	108	12.7%	29.3%
	D15	12	13.0%	28.6%	49	5.8%	13.3%
	D16	15	16.4%	35.7%	130	15.2%	35.2%
	D17	1	1.1%	2.4%	42	4.9%	11.4%
	D18	7	7.6%	16.7%	58	6.8%	15.7%
	总计	92	100.0%	219.2%	853	100.0%	231.2%

注：D11：健全规章制度；D12：加强政策学习；D13：团队文化建设；D14：加强纪律作风建设；D15：强化党支部建设；D16：配强党组织负责人；D17：用好团队建设经费；D18：采取信息技术手段

表4.32 援派单位和受援地领导认为加强援派干部人才管理方面

选项		援派单位领导问卷			受援地领导问卷		
		响应			响应		
		N	百分比	个案百分比	N	百分比	个案百分比
第二题	D21	20	22.5%	47.6%	156	19.5%	41.6%
	D22	12	13.5%	28.6%	145	18.1%	38.7%
	D23	6	6.7%	14.3%	132	16.5%	35.2%
	D24	6	6.7%	14.3%	64	8.0%	17.1%
	D25	13	14.6%	31.0%	70	8.7%	18.7%
	D26	19	21.3%	45.2%	172	21.5%	45.9%
	D27	13	14.7%	31.0%	62	7.7%	16.5%
	总计	89	100.0%	212%	801	100.0%	213.7%

注：D21：规章制度建设；D22：组织纪律教育；D23：自主管理；D24：建立微信群和安装监控等信息技术手段；D25：党支部建设；D26：当地组织部门和援派单位管理；D27：援派单位跟踪管理

表 4.33　援派单位和受援地领导认为北京市援派干部推进扶贫协作应开展的工作

选项		援派单位领导问卷			受援地领导问卷		
		响应			响应		
		N	百分比	个案百分比	N	百分比	个案百分比
第三题	D31	23	23.7%	54.8%	140	15.9%	37.7%
	D32	15	15.5%	35.7%	160	18.0%	43.1%
	D33	19	19.6%	45.2%	206	23.2%	55.5%
	D34	11	11.3%	26.2%	164	18.5%	44.2%
	D35	6	6.2%	14.3%	41	4.6%	11.1%
	D36	23	23.7%	54.8%	176	19.8%	47.4%
	总计	97	100.0%	231.0%	887	100.0%	239.0%

注：D31：项目管理考核评估；D32：调研组织协调；D33：统筹地方扶贫协作工作；D34：加强援派干部人才队伍的管理和服务；D35：组织宣传报道；D36：牵头与后方援派单位联系协调

6. 关于援派干部人才的考核激励机制对比分析

援派单位领导认为援派干部人才参与援派工作首先是“提升锻炼自己”，其次是“服从组织安排”；受援地领导认为援派干部人才参与援派工作首先也是“提升锻炼自己”，其次是“主动响应号召”。大部分援派单位和受援地领导均认为援派干部人才在援派期间可以提拔。大部分援派单位和受援地领导均认为可以“适当增加经济补贴”促进援派干部人才更好工作。大部分援派单位和受援地领导均认为国发办考核对援派干部有一定压力但是有利于工作发展，是正向激励。大部分援派单位领导认为北京市援派干部人才考核应聚焦在“地市级援派团队”，受援地领导则认为首先是“地市级援派团队”，其次是“后方援派单位”，再次是“援派干部人才个人”。大部分援派单位和受援地领导均认为对援派干部人才最有效激励方式是“职务、职级、职称晋升”。有关数据可参考表 4.34 至表 4.39。

表 4.34　援派单位和受援地领导认为援派干部人才参与援派工作动机

选项		援派单位领导问卷		受援地领导问卷	
		频率	百分比（%）	频率	百分比（%）
有效	服从组织安排	14	33.3	69	18.4
	提升锻炼自己	18	42.9	129	34.4
	主动响应号召	7	16.7	96	25.6
	实现个人价值	0	0	63	16.8
	晋职晋级	2	4.8	14	3.7
	借机调整岗位	0	0	2	0.5
	家庭原因	0	0	1	0.3
	其他	1	2.3	1	0.3
	合计	42	100.0	375	100.0

表 4.35　援派单位和受援地领导认为援派干部人才在援派期间是否可提拔

选项		援派单位领导问卷		受援地领导问卷	
		频率	百分比（%）	频率	百分比（%）
有效	是	29	69.0	224	59.7
	否	3	7.1	34	9.1
	无意见	10	23.9	117	31.2
	合计	42	100.0	375	100.0

表 4.36　援派单位和受援地领导认为为援派干部人才更好工作提供的帮助

选项		援派单位领导问卷		受援地领导问卷	
		频率	百分比（%）	频率	百分比（%）
有效	协助解决家属就业	10	23.8	67	17.9
	协助解决孩子上学	12	28.6	76	20.3
	协助提供就医	1	2.4	65	17.2
	适当增加经济补贴	19	45.2	167	44.6
	合计	42	100.0	375	100.0

表 4.37　援派单位和受援地领导认为国发办考核对援派干部人才影响

选项		援派单位领导问卷		受援地领导问卷	
		频率	百分比（%）	频率	百分比（%）
有效	压力大不利工作	0	0	23	6.1
	有压力影响工作	6	14.3	48	12.8
	无影响	0	0	57	15.2
	有压力推进工作	25	59.5	139	37.1
	有压力利于工作	11	26.2	108	28.8
	合计	42	100.0	375	100.0

表 4.38　援派单位和受援地领导认为北京市援派干部人才考核聚焦对象

选项		援派单位领导问卷		受援地领导问卷	
		频率	百分比（%）	频率	百分比（%）
有效	省（区）级援派团队	9	21.4	71	18.9
	地市级援派团队	27	64.3	138	36.8
	援派干部人才个人	5	11.9	78	20.8
	后方援派单位	1	2.4	88	23.5
	合计	42	100.0	375	100.0

表 4.39　援派单位和受援地领导认为更好激励援派干部人才方式

选项		援派单位领导问卷		受援地领导问卷	
		频率	百分比（%）	频率	百分比（%）
有效	经济奖励	4	9.5	42	11.2
	职务、职级、职称晋升	35	83.3	249	66.4
	荣誉称号	1	2.4	64	17.1
	其他	2	4.8	20	5.3
	合计	42	100.0	375	100.0

三、北京市援派干部人才问卷实证分析

1. 援派干部人才基本情况分析

问卷调查表明，北京市援派干部人才以男性为主，所占比例为 84.4%；援派干部人才年龄区间主要在“35 至 40 岁”和“41 至 45 岁”这两个年龄段，所占比例分别为 32.6% 和 31.9%，其他年龄段的较少；援派干部人才学历以大学毕业为主，占比为 52.1%，其次为研究生，占比为 33.2%，说明北京市援派干部人才文化程度较高。北京市援派干部人才来自区县级机关和街道乡镇的比例较高，分别为 35.2% 和 19.9%，其次为市级机关，来自企业单位的较少。有关数据可参考表 4.40 至表 4.43。表 4.44 表明，援派干部人才有 47.2% 的工龄在 20 年以上，有 19.5% 的工龄在 16 至 20 年，可见援派干部人才大部分工龄较长，具有一定的工作经验和能力。表 4.45 表明，目前北京市选派的干部人才比例最大的是科长级（占 41.0%），其次为副处长级（占 25.4%）。可见，这一层次干部年富力强并且具有成长空间，是援派干部人才的主力军。表 4.46 表明，街道和乡镇援派干部人才绝大部分没有担任副处级以上职务，因本市街道和乡镇也就是处级单位架构。表 4.47 表明，援派干部人才很大比例没有技术职称或是初级技术职称，因为他们主要来自机关部门，来自事业单位的干部人才职称也较低。表 4.48 表明，北京市援派干部人才大部分（73.3%）没有援派工作经历，这是符合实际的，也是援派单位培养锻炼干部人才的需要。表 4.49 表明，北京市援派干部人才有很大比例（71.6%）已婚并有孩子，可见北京市援派干部人才肩上负担是较重的。

表 4.40　援派干部人才性别分布情况

性别		频率	百分比（%）	有效百分比（%）	累积百分比（%）
有效	男	259	84.4	84.4	84.4
	女	48	15.6	15.6	100.0
	合计	307	100.0	100.0	

表 4.41　援派干部人才年龄分布情况

年龄		频率	百分比（%）	有效百分比（%）	累积百分比（%）
有效	35 岁以下	27	8.8	8.8	8.8
	35 至 40 岁	100	32.6	32.6	41.4
	41 至 45 岁	98	31.9	31.9	73.3
	46 至 50 岁	64	20.8	20.8	94.1
	50 岁以上	18	5.9	5.9	100.0
	合计	307	100.0	100.0	

表 4.42　援派干部人才学历分布情况

学历		频率	百分比（%）	有效百分比（%）	累积百分比（%）
有效	大专及以下学历	18	5.9	5.9	5.9
	大学	160	52.1	52.1	58.0
	研究生	102	33.2	33.2	91.2
	其他	27	8.8	8.8	100.0
	合计	307	100.0	100.0	

表 4.43　援派干部人才原工作单位性质

单位性质		频率	百分比（%）	有效百分比（%）	累积百分比（%）
有效	街道乡镇	61	19.9	19.9	19.9
	区县级机关	108	35.2	35.2	55.1
	市级机关	59	19.2	19.2	74.3
	事业单位	51	16.6	16.6	90.9
	企业单位	28	9.1	9.1	100.0
	合计	307	100.0	100.0	

表 4. 44　援派干部人才工龄长度分布

工龄		频率	百分比（%）	有效百分比（%）	累积百分比（%）
有效	5 年以下	9	2.9	2.9	2.9
	5 至 10 年	43	14.0	14.0	16.9
	11 至 15 年	50	16.3	16.4	33.2
	16 至 20 年	60	19.5	19.5	52.8
	20 年以上	145	47.3	47.2	100.0
	合计	307	100.0	100.0	

表 4. 45　援派干部人才原任职务类别

职务类别		频率	百分比（%）	有效百分比（%）	累积百分比（%）
有效	主任科员及以下	61	19.9	19.9	19.9
	科长	126	41.0	41.0	60.9
	副调研员	20	6.5	6.5	67.4
	副处长	78	25.4	25.4	92.8
	调研员	14	4.6	4.6	97.4
	处长	3	1.0	1.0	98.4
	副局级及以上	5	1.6	1.6	100.0
	合计	307	100.0	100.0	

表 4. 46　街道和乡镇援派干部人才是否担任副处级以上职务

选项		频率	百分比（%）	有效百分比（%）	累积百分比（%）
有效	是	91	29.7	29.7	29.7
	否	216	70.3	70.3	100.0
	合计	307	100.0	100.0	

表 4.47　援派干部人才技术职称情况

职称		频率	百分比（%）	有效百分比（%）	累积百分比（%）
有效	无	149	48.5	48.5	48.5
	初级	75	24.5	24.5	73.0
	中级	59	19.2	19.2	92.2
	高级	24	7.8	7.8	100.0
	合计	307	100.0	100.0	

表 4.48　援派干部人才是否有援派工作经历

选项		频率	百分比（%）	有效百分比（%）	累积百分比（%）
有效	有	82	26.7	26.7	26.7
	没有	225	73.3	73.3	100.0
	合计	307	100.0	100.0	

表 4.49　援派干部人才家庭状况

家庭状况		频率	百分比（%）	有效百分比（%）	累积百分比（%）
有效	未婚	15	4.9	4.9	4.9
	已婚无孩子	32	10.4	10.4	15.3
	已婚有孩子	220	71.6	71.6	87.0
	离异有孩子	40	13.1	13.1	100.0
	合计	307	100.0	100.0	

2. 援派干部人才扶贫协作情况分析

对援派干部人才扶贫协作情况的选项一、三、四、五和六进行项目分析，结果如表 4.50、表 4.51 所示。发现以上有关援派干部人才扶贫协作情况的各选项通过了 F 检验和 T 检验，说明各选项均有鉴别度。

表 4.50　组统计量

选项		N	均值	标准差	均值的标准误
A1	1.00	130	4.00	0.844	0.074
	2.00	105	2.22	0.888	0.087
A3	1.00	130	4.01	0.699	0.061
	2.00	105	3.29	0.840	0.082
A4	1.00	130	3.77	0.458	0.040
	2.00	105	3.06	0.864	0.084
A5	1.00	130	3.65	0.606	0.053
	2.00	105	3.41	1.214	0.119
A6	1.00	130	4.54	.559	0.049
	2.00	105	2.32	1.444	0.141

表 4.51　独立样本检验

选项		方差方程的 Levene 检验		均值方程的 T 检验			
		F	Sig.	T	df	Sig.（双侧）	均值差值
A1	假设方差相等	1.661	0.199	15.709	233	0.000	1.781
	假设方差不相等			15.625	217.789	0.000	1.781
A3	假设方差相等	25.619	0.000	7.191	233	0.000	0.722
	假设方差不相等			7.052	201.862	0.000	0.722
A4	假设方差相等	35.804	0.000	8.095	233	0.000	0.712
	假设方差不相等			7.623	150.338	0.000	0.712
A5	假设方差相等	79.560	0.000	2.006	233	0.046	0.244
	假设方差不相等			1.881	145.340	0.062	0.244
A6	假设方差相等	376.653	0.000	16.062	233	0.000	2.215
	假设方差不相等			14.839	129.158	0.000	2.215

续表

选项		均值方程的 T 检验		
			差分的 95% 置信区间	
		标准误差值	下限	上限
A1	假设方差相等	0. 113	1. 558	2. 004
	假设方差不相等	0. 114	1. 556	2. 006
A3	假设方差相等	0. 100	0. 524	0. 920
	假设方差不相等	0. 102	0. 520	0. 924
A4	假设方差相等	0. 088	0. 539	0. 885
	假设方差不相等	0. 093	0. 528	0. 897
A5	假设方差相等	0. 122	0. 004	0. 484
	假设方差不相等	0. 130	-0. 012	0. 501
A6	假设方差相等	0. 138	1. 943	2. 486
	假设方差不相等	0. 149	1. 919	2. 510

问卷调查表明，大部分援派干部人才对北京市援派政策有所了解，不了解的占 7. 5% 。近 60% 的援派干部人才参加援派工作时间为 2 至 3 年，也有近 19% 的时间为 1 至 2 年。有 60. 2% 援派干部人才每年在受援地工作时间为 11 至 12 个月，另有 30. 0% 工作时间为 9 至 10 个月。有 41. 0% 援派干部人才建议援派工作时间为 2 年，另有 34. 9% 援派干部人才建议援派工作时间为 3 年。援派干部人才对扶贫协作成效评价较好以上占 74. 9% ，感觉较好。援派干部人才与援派单位沟通较好，有 34. 9% “每月多次” 沟通。援派干部人才认为与受援地工作团队 “完全融入” 占 50. 8% ,“配合较好” 占 43. 6% 。有 45. 3% 的援派干部人才认为受援地对扶贫协作工作十分支持，20. 5% 的认为较支持，19. 2% 认为很难配合。在援派干部人才发挥扶贫协作作用方面，首要是 “两地经济交流合作”，其次是 “落实帮扶项目”，再次是 “后方资源引入”。援派干部人才认为在扶贫协作中发挥欠缺的方面，首先是 “项目安排精准” 不够，其次是 “措施到户精准” 不够，再次是 “脱贫成效精准”

不够。对照国发办考核标准，援派干部人才在扶贫协作中表现最不理想的是“创新创造”。有关数据可参考表 4. 52 至表 4. 62。

表 4. 52　援派干部人才对市援派政策了解情况

选项		频率	百分比（%）	有效百分比（%）	累积百分比（%）
有效	不了解	23	7. 5	7. 5	7. 5
	了解不多	56	18. 2	18. 2	25. 7
	基本了解	120	39. 1	39. 1	64. 8
	了解较多	68	22. 1	22. 1	86. 9
	很了解	38	12. 4	12. 4	99. 3
	全面了解	2	0. 7	0. 7	100. 0
	合计	307	100. 0	100. 0	

表 4. 53　援派干部人才参加援派工作时间

选项		频率	百分比（%）	有效百分比（%）	累积百分比（%）
有效	6 个月以下	1	0. 3	0. 3	0. 3
	6 至 12 个月	33	10. 7	10. 7	11. 1
	1 至 2 年	58	18. 9	18. 9	30. 0
	2 至 3 年	183	59. 6	59. 6	89. 6
	3 年以上	32	10. 5	10. 5	100. 0
	合计	307	100. 0	100. 0	

表 4. 54　援派干部人才每年在受援地工作时间

选项		频率	百分比（%）	有效百分比（%）	累积百分比（%）
有效	6 个月以下	4	1. 3	1. 3	1. 3
	6 至 8 个月	26	8. 5	8. 5	9. 8
	9 至 10 个月	92	30. 0	30. 0	39. 7
	11 至 12 个月	185	60. 2	60. 2	100. 0
	合计	307	100. 0	100. 0	

表 4.55　援派干部人才建议援派工作时间

选项		频率	百分比（%）	有效百分比（%）	累积百分比（%）
有效	半年及以内	5	1.6	1.6	1.6
	1 年	34	11.1	11.1	12.7
	2 年	126	41.0	41.0	53.7
	3 年	107	34.9	34.9	88.6
	3 年以上	35	11.4	11.4	100.0
	合计	307	100.0	100.0	

表 4.56　援派干部人才扶贫协作成效评价情况

选项		频率	百分比（%）	有效百分比（%）	累积百分比（%）
有效	很差	54	17.6	17.6	17.6
	较差	2	0.7	0.7	18.3
	一般	21	6.8	6.8	25.1
	较好	132	43.0	43.0	68.1
	很好	98	31.9	31.9	100.0
	合计	307	100.0	100.0	

表 4.57　援派干部人才与援派单位沟通情况

选项		频率	百分比（%）	有效百分比（%）	累积百分比（%）
有效	每月多次	107	34.9	34.9	34.9
	每月 1 次	59	19.2	19.2	54.1
	每季度 1 次	63	20.5	20.5	74.6
	每半年 1 次	46	15.0	15.0	89.6
	很少	32	10.4	10.4	100.0
	合计	307	100.0	100.0	

表 4.58　援派干部人才与受援地工作团队关系

选项	频率	百分比（%）	有效百分比（%）	累积百分比（%）
基本没有联系	3	1.0	1.0	1.0
有联系但不多	6	2.0	2.0	2.9
一般	8	2.6	2.6	5.5
配合较好	134	43.6	43.6	49.2
完全融入	156	50.8	50.8	100.0
合计	307	100.0	100.0	

表 4.59　受援地支持援派干部人才扶贫协作工作情况

选项	频率	百分比（%）	有效百分比（%）	累积百分比（%）
很难配合	59	19.2	19.2	19.2
较难配合	10	3.3	3.3	22.5
一般	36	11.7	11.7	34.2
较支持	63	20.5	20.5	54.7
十分支持	139	45.3	45.3	100.0
合计	307	100.0	100.0	

表 4.60　援派干部人才在扶贫协作中发挥作用的方面

选项		响应		个案百分比	排序
		N	百分比		
第一题	落实帮扶项目	203	24.0%	66.3%	2
	干部人才培训	89	10.5%	29.1%	5
	传帮带	113	13.4%	36.9%	4
	两地经济交流合作	235	27.8%	76.8%	1
	后方资源引入	122	14.4%	39.9%	3
	开展劳务合作	25	3.0%	8.2%	7
	落实国家扶贫考核	38	4.5%	12.4%	6
	其他	20	2.4%	6.5%	8
a	总计	845	100.0%	276.1%	

表 4.61　援派干部人才在扶贫协作中发挥欠缺的方面

选项		响应			
		N	百分比	个案百分比	排序
第二题	扶持对象精准	109	19.2%	36.1%	4
	项目安排精准	147	25.8%	48.7%	1
	资金使用精准	83	14.6%	27.5%	5
	措施到户精准	120	21.1%	39.7%	2
	脱贫成效精准	110	19.3%	36.4%	3
a	总计	569	100.0%	188.4%	

表 4.62　对照国发办考核援派干部人才在扶贫协作中不理想方面

选项		响应			
		N	百分比	个案百分比	排序
第三题	组织领导	35	6.0%	11.6%	6
	人才支援	27	4.6%	8.9%	8
	资金项目	34	5.8%	11.2%	7
	产业合作	71	12.1%	23.4%	4
	劳务协作	59	10.1%	19.5%	5
	携手奔小康	23	3.9%	7.6%	9
	社会动员	79	13.6%	26.1%	3
	信息宣传	99	16.9%	32.7%	2
	创新创造	158	27.0%	52.1%	1
a	总计	585	100.0%	193.1%	

3. 援派干部人才扶贫协作方式分析

根据问卷分析结果，北京市援派干部人才认为最有效的扶贫协作方式是产业扶贫，其次是教育扶贫、就业扶贫和健康扶贫等。认为北京市最有效的扶贫协作方式则为产业合作，其次为人才支援，再次为资金支持，这是因为北京市援派干部人才文化程度较高的结果。北京市援派干部人才认为专技人才最有效的服务方式是定期巡回轮转。有关数据可参考表 4.63、表 4.64、表 4.65。

表 4.63 援派干部人才认为有效的扶贫协作方式

选项		响应			
		N	百分比	个案百分比	排序
第一题	产业扶贫	236	28.7%	77.4%	1
	教育扶贫	173	21.0%	56.7%	2
	就业扶贫	148	18.0%	48.5%	3
	健康扶贫	101	12.3%	33.1%	4
	易地扶贫搬迁	54	6.6%	17.7%	5
	生态扶贫	52	6.3%	17.0%	6
	危房改造	13	1.6%	4.3%	8
	其他	45	5.5%	14.8%	7
a	总计	822	100.0%	269.5%	

表 4.64 援派干部人才认为北京市有效的扶贫协作方式

选项		响应			
		N	百分比	个案百分比	排序
第二题	产业合作	208	26.8%	68.0%	1
	省际劳务协作	55	7.1%	18.0%	5
	人才支援	202	26.0%	66.0%	2
	资金支持	192	24.7%	62.7%	3
	动员社会参与	120	15.4%	39.2%	4
a	总计	777	100.0%	253.9%	

表 4.65 援派干部人才认为最有效的专技人才服务方式

选项		频率	百分比（%）	有效百分比（%）	累积百分比（%）
有效	分散式派任	30	9.8	9.8	9.8
	组团式派任	85	27.7	27.7	37.5
	定期巡回轮换	125	40.7	40.7	78.2
	其他	67	21.8	21.8	100.0
	合计	307	100.0	100.0	

列联表分析表明，在支持北京市产业合作扶贫协作方式的援派干部人才中，大学文化的占 55.8%，研究生文化的占比为 38.0%。

EDU * B21 交叉影响表

选项			产业合作		
			0	1	合计
EDU	大专及以下学历	计数	11	7	18
		EDU 中的%	61.1%	38.9%	100.0%
		B21 中的%	11.1%	3.4%	5.9%
		总数的%	3.6%	2.3%	5.9%
	大学生	计数	44	116	160
		EDU 中的%	27.5%	72.5%	100.0%
		B21 中的%	44.4%	55.8%	52.1%
		总数的%	14.3%	37.8%	52.1%
	研究生	计数	23	79	102
		EDU 中的%	22.5%	77.5%	100.0%
		B21 中的%	23.2%	38.0%	33.2%
		总数的%	7.5%	25.7%	33.2%

续表

选项			产业合作		
			0	1	合计
EDU	其他	计数	21	6	27
		EDU 中的%	77.8%	22.2%	100.0%
		B21 中的%	21.2%	2.9%	8.8%
		总数的%	6.8%	2.0%	8.8%
	合计	计数	99	208	307
		EDU 中的%	32.2%	67.8%	100.0%
		B21 中的%	100.0%	100.0%	100.0%
		总数的%	32.2%	67.8%	100.0%

卡方检验

选项	值	df	渐进 Sig.（双侧）
Pearson 卡方	38.523[a]	3	.000
似然比	36.271	3	.000
线性和线性组合	2.480	1	.115
有效案例中的 N	307		

a. 0 单元格（.0%）的期望计数少于 5。最小期望计数为 5.80。

列联表分析表明，在支持北京市省际劳务协作扶贫协作方式的援派干部人才中，大学文化的占 30.9%，而其他文化程度的占比为 32.7%。

EDU * B22 交叉影响表

选项			省际劳务协作		
			0	1	合计
EDU	大专及以下学历	计数	10	8	18
		EDU 中的%	55.6%	44.4%	100.0%
		B22 中的%	4.0%	14.5%	5.9%
		总数的%	3.3%	2.6%	5.9%

续表

选项			省际劳务协作		
			0	1	合计
EDU	大学生	计数	143	17	160
		EDU 中的%	89.4%	10.6%	100.0%
		B22 中的%	56.7%	30.9%	52.1%
		总数的%	46.6%	5.5%	52.1%
	研究生	计数	90	12	102
		EDU 中的%	88.2%	11.8%	100.0%
		B22 中的%	35.7%	21.8%	33.2%
		总数的%	29.3%	3.9%	33.2%
	其他	计数	9	18	27
		EDU 中的%	33.3%	66.7%	100.0%
		B22 中的%	3.6%	32.7%	8.8%
		总数的%	2.9%	5.9%	8.8%
	合计	计数	252	55	307
		EDU 中的%	82.1%	17.9%	100.0%
		B22 中的%	100.0%	100.0%	100.0%
		总数的%	82.1%	17.9%	100.0%

卡方检验

选项	值	df	渐进 Sig. （双侧）
Pearson 卡方	60.658a	3	.000
似然比	47.299	3	.000
线性和线性组合	9.531	1	.002
有效案例中的 N	307		

a. 2 单元格（25.0%）的期望计数少于 5。最小期望计数为 3.22。

列联表分析表明，在支持北京市人才支援扶贫协作方式的援派干部人才中，大学文化的占 53.5%，研究生文化的占比为 32.2%。

EDU * B23 交叉影响表

选项			人才支援		
			0	1	合计
EDU	大专及以下学历	计数	5	13	18
		EDU 中的%	27.8%	72.2%	100.0%
		B23 中的%	4.8%	6.4%	5.9%
		总数的%	1.5%	4.2%	5.7%
	大学生	计数	52	108	160
		EDU 中的%	32.5%	67.5%	100.0%
		B23 中的%	49.5%	53.5%	52.1%
		总数的%	16.9%	35.2%	52.1%
	研究生	计数	37	65	102
		EDU 中的%	36.3%	63.7%	100.0%
		B23 中的%	35.2%	32.2%	33.2%
		总数的%	12.1%	21.2%	33.3%
	其他	计数	11	16	27
		EDU 中的%	40.7%	59.3%	100.0%
		B23 中的%	10.5%	7.9%	8.8%
		总数的%	3.6%	5.2%	8.8%
	合计	计数	105	202	307
		EDU 中的%	34.2%	65.8%	100.0%
		B23 中的%	100.0%	100.0%	100.0%
		总数的%	34.2%	65.8%	100.0%

卡方检验

选项	值	df	渐进 Sig. （双侧）
Pearson 卡方	1. 244a	3	. 743
似然比	1. 242	3	. 743
线性和线性组合	1. 234	1	. 267
有效案例中的 N	307		

a. 0 单元格（. 0%）的期望计数少于 5。最小期望计数为 6. 16。

列联表分析表明，在支持北京市资金支持扶贫协作方式的援派干部人才中，大学文化的占 55. 7%，研究生文化的占比为 35. 9%。

EDU * B24 交叉影响表

选项			资金支持		
			0	1	合计
EDU	大专及以下学历	计数	10	8	18
		EDU 中的%	55. 6%	44. 4%	100. 0%
		B24 中的%	8. 7%	4. 2%	5. 9%
		总数的%	3. 3%	2. 6%	5. 9%
	大学生	计数	53	107	160
		EDU 中的%	33. 1%	66. 9%	100. 0%
		B24 中的%	46. 1%	55. 7%	52. 1%
		总数的%	17. 3%	34. 9%	52. 2%
	研究生	计数	33	69	102
		EDU 中的%	32. 4%	67. 6%	100. 0%
		B24 中的%	28. 7%	35. 9%	33. 2%
		总数的%	10. 7%	22. 5%	33. 2%

续表

选项			资金支持		
			0	1	合计
EDU	其他	计数	19	8	27
		EDU 中的%	70.4%	29.6%	100.0%
		B24 中的%	16.5%	4.2%	8.8%
		总数的%	6.2%	2.6%	8.8%
	合计	计数	115	192	307
		EDU 中的%	37.5%	62.5%	100.0%
		B24 中的%	100.0%	100.0%	100.0%
		总数的%	37.5%	62.5%	100.0%

卡方检验

选项	值	df	渐进 Sig. （双侧）
Pearson 卡方	17.418a	3	.001
似然比	16.888	3	.001
线性和线性组合	2.220	1	.136
有效案例中的 N	307		

a. 0 单元格（.0%）的期望计数少于 5。最小期望计数为 6.74。

4. 援派干部人才扶贫协作影响因素分析

问卷调查表明，援派干部人才认为影响扶贫协作成效的首要因素是“当地干部的配合支持”，其次是“工作体制机制”，再次是“援派干部人才能力素质”。援派干部人才认为援派单位影响扶贫协作成效的首要因素是“激励不够”，其次是“产业合作、劳务协作精准对接不够”，再次是“领导重视不够”。援派干部人才认为受援地影响扶贫协作成效的首要因素是“受援地领导重视度”，其次是“受援地资源禀赋”，再次是“受援地干部配合度”。援派干部人才认为自身影响扶贫协作成效的首要因素是“能力素质”，其次是“主观能动性”，再次是“工作方式方法”。有

33.2%的援派干部人才认为受援地倾向分配的工作是“扶贫协作为主兼有其他”，这一形式占主流。有40.3%的援派干部人才认为其工作分工“大部分是”聚焦于扶贫协作，有38.8%的援派干部人才认为其工作分工“完全是”聚焦于扶贫协作。有28.3%的援派干部人才认为其“大部分是”按照国发办标准推进扶贫协作工作，有53.2%的援派干部人才认为其“完全是”按照国发办标准推进扶贫协作工作。调查表明有24.1%的援派干部人才积极主动完成扶贫协作工作，勉强完成和基本完成任务的占35.5%。有45.6%的援派干部人才认为担任“项目核心骨干”更能有效工作。有关数据可参考表4.66至表4.74。

表4.66　援派干部人才认为影响扶贫协作成效的因素

选项		响应			
		N	百分比	个案百分比	排序
第一题	援派干部人才能力素质	129	15.2%	42.0%	3
	当地干部的配合支持	183	21.5%	59.6%	1
	工作体制机制	142	16.7%	46.3%	2
	投入的资金和项目数量	63	7.4%	20.5%	5
	参与扶贫工作人数	31	3.6%	10.1%	10
	后方单位支持力度	60	7.1%	19.5%	6
	国发办考核压力的传导力度	12	1.4%	3.9%	12
	形式主义	51	6.0%	16.6%	7
	当地党委政府的领导与支持力度	74	8.7%	24.1%	4
	当地资源禀赋	34	4.0%	11.1%	9
	受援群众的配合程度和内在动力	43	5.1%	14.0%	8
	其他	28	3.3%	9.1%	11
a	总计	850	100.0%	276.8%	

表 4.67　援派单位影响援派干部人才扶贫协作成效的因素

选项		响应			
		N	百分比	个案百分比	排序
第二题	资金项目不足	88	15.3%	28.7%	4
	援派人才不足	62	10.7%	20.2%	5
	领导重视不够	104	18.0%	33.9%	3
	产业合作、劳务协作精准对接不够	139	24.1%	45.3%	2
	激励不够	155	26.9%	50.5%	1
	其他	29	5.0%	9.4%	6
a	总计	577	100.0%	188.0%	

表 4.68　受援地影响援派干部人才扶贫协作成效的因素

选项		响应			
		N	百分比	个案百分比	排序
第三题	受援地资源禀赋	164	22.3%	53.6%	2
	受援地领导重视度	178	24.3%	58.2%	1
	受援地干部配合度	152	20.7%	49.7%	3
	受援地扶贫干部数量及能力	41	5.6%	13.4%	6
	受援地资金项目投入	59	8.0%	19.3%	5
	受援对象配合程度	78	10.6%	25.5%	4
	受援群众健康和工作能力	31	4.2%	10.1%	7
	其他	31	4.3%	10.1%	8
a	总计	734	100.0%	239.9%	

表 4.69　援派干部人才自身影响扶贫协作成效的方面

选项		响应			
		N	百分比	个案百分比	排序
第四题	对扶贫工作认识	126	17.8%	41.2%	4
	能力素质	200	28.2%	65.4%	1
	主观能动性	194	27.4%	63.4%	2
	工作方式方法	172	24.3%	56.2%	3
	其他	16	2.3%	5.2%	5
a	总计	708	100.0%	231.4%	

表 4.70　援派干部人才认为当地倾向分配的工作

选项		频率	百分比（%）	有效百分比（%）	累积百分比（%）
有效	扶贫协作	55	17.9	17.9	17.9
	扶贫协作为主兼有其他	102	33.2	33.2	51.1
	同时均等兼顾	55	17.9	17.9	69.0
	其他工作为主兼有扶贫	50	16.3	16.3	85.3
	与扶贫协作工作无关	45	14.7	14.7	100.0
	合计	307	100.0	100.0	

表 4.71　援派干部人才认为其工作分工聚焦扶贫协作情况

选项		频率	百分比（%）	有效百分比（%）	累积百分比（%）
有效	完全不是	10	3.3	3.3	3.3
	少部分是	28	9.1	9.1	12.4
	一般是	26	8.5	8.5	20.8
	大部分是	124	40.3	40.3	61.2
	完全是	119	38.8	38.8	100.0
	合计	307	100.0	100.0	

表 4.72　援派干部人才是否依国发办标准推进扶贫协作工作

选项		频率	百分比（%）	有效百分比（%）	累积百分比（%）
有效	完全不是	7	2.3	2.3	2.3
	少部分是	17	5.5	5.5	7.8
	一般是	33	10.7	10.7	18.6
	大部分是	87	28.3	28.3	46.9
	完全是	163	53.2	53.2	100.0
	合计	307	100.0	100.0	

表 4.73　援派干部人才认为其当前的工作状态工作

选项		频率	百分比（%）	有效百分比（%）	累积百分比（%）
有效	不能完成任务	11	3.6	3.6	3.9
	勉强完成任务	46	15.0	15.0	18.6
	基本完成任务	63	20.5	20.5	39.1
	积极主动	74	24.1	24.1	63.2
	十分积极主动	113	36.8	36.8	100.0
	合计	307	100.0	100.0	

表 4.74　援派干部人才认为其有效工作的任职情况

选项		频率	百分比（%）	有效百分比（%）	累积百分比（%）
有效	实职实权	22	7.2	7.2	7.2
	实职协作	106	34.4	34.4	41.7
	项目核心骨干	140	45.6	45.6	87.3
	其他	39	12.8	12.8	100.0
	合计	307	100.0	100.0	

5. 援派干部人才团队建设分析

援派干部人才认为在加强团队建设措施方面首先是“健全规章制度”，其次是“加强政策学习”，再次是“团队文化建设”和“强化党支部建设”。在加强援派干部人才管理方面，首先是“规章制度建设”，其次是“组织纪律教育”，再次是“党支部建设”。在北京市援派干部人才团队推进扶贫协作开展的工作方面，首先是“牵头与后方援派单位联系协调”，其次是“组织调研协调”。有关数据可参考表4.75至表4.77。

表4.75　援派干部人才加强团队建设措施

选项		响应			
		N	百分比（%）	个案百分比（%）	排序
第一题	健全规章制度	179	22.7	58.3	1
	加强政策学习	168	21.3	54.7	2
	团队文化建设	101	12.8	32.9	3
	加强纪律作风建设	95	12.0	30.9	4
	强化党支部建设	101	12.8	32.9	3
	配强团队党组织的负责人	55	7.0	17.9	5
	用好团队建设经费	48	6.1	15.6	6
	采取信息技术手段	43	5.3	14.0	7
a	总计	790	100.0	257.2	

表4.76　援派干部人才认为应加强管理的方面

选项		响应			
		N	百分比（%）	个案百分比（%）	排序
第二题	规章制度建设	163	24.0	53.4	1
	组织纪律教育	123	18.1	40.3	2
	自主管理	93	13.7	30.5	4

续表

选项		响应 N	响应 百分比（%）	个案百分比（%）	排序
第二题	信息技术手段	32	4.7	10.5	7
	党支部建设	116	17.1	38.0	3
	当地组织部门和援派单位管理	86	12.7	28.2	5
	援派单位跟踪管理	65	9.7	21.3	6
a	总计	678	100.0	222.2	

表 4.77　北京市援派干部人才团队为推进扶贫协作开展的工作

选项		响应 N	响应 百分比（%）	个案百分比（%）	排序
第三题	项目管理考核评估	121	16.6	39.4	3
	组织调研协调	126	17.3	41.0	2
	统筹地方扶贫协作工作	121	16.6	39.4	3
	加强援派干部人才队伍的管理和服务	110	15.1	35.8	4
	组织宣传报道	78	10.7	25.4	5
	牵头与后方援派单位联系协调	171	23.7	55.7	1
a	总计	727	100.0	236.7	

6. 援派干部人才考核激励机制分析

问卷调查表明，北京市援派干部人才有33.2%的人是主动响应号召参加援派工作，29.0%的人为了提升锻炼自己而参加援派工作，接着就是服从组织安排和实现个人价值而参与援派工作的。目前，有超过2/3（67.4%）的援派干部人才没有得到提拔，援派期间职称得到晋升的人仅占 32. 6% 。有接近 2/3（64. 2%）的援派干部人才希望适当增加经济补贴。关于援派干部人才对国发办考核压力的看法，大部分认为有压力但可以推进工作或有利于工作发展，这是对国发办考核的一种积极乐观的看法。关于援派干部人才对北京市扶贫协作考核聚焦对象的看法，则是有 45. 6% 的人认为应聚焦于地市级援派团队，这与援派单位领导及受援地领导看法一致。关于援派干部人才对有效激励方式的选择，则有接近 2/3 的人选择职务、职级、职称晋升，其次是经济奖励。有关数据可参考表 4. 78 至表 4. 83。

表 4. 78　援派干部人才认为参加援派工作动机

选项		频率	百分比（%）	有效百分比（%）	累积百分比（%）
有效	服从组织安排	57	18. 6	18. 6	18. 6
	提升锻炼自己	89	29. 0	29. 0	47. 6
	主动响应号召	102	33. 2	33. 2	80. 8
	实现个人价值	57	18. 6	18. 6	99. 3
	晋职晋级	2	0. 6	0. 6	100. 0
	借机调整岗位	0	0	0	100. 0
	家庭原因	0	0	0	100. 0
	其他	0	0	0	100. 0
	合计	307	100. 0	100. 0	

表 4. 79　援派干部人才在援派期间提拔情况

选项		频率	百分比（%）	有效百分比（%）	累积百分比（%）
有效	职务职级得到晋升	57	18. 6	18. 6	18. 6
	职称得到晋升	43	14. 0	14. 0	32. 6
	目前没有	207	67. 4	67. 4	100. 0
	合计	307	100. 0	100. 0	

表 4.80　援派干部人才希望组织提供的帮助

选项		频率	百分比（%）	有效百分比（%）	累积百分比（%）
有效	协助解决家属就业	11	3.6	3.6	3.6
	协助解决孩子上学	58	18.9	18.9	22.5
	协助提供就医	41	13.3	13.3	35.8
	适当增加经济补贴	197	64.2	64.2	100.0
	合计	307	100.0	100.0	

表 4.81　援派干部人才认为国发办考核的影响

选项		频率	百分比（%）	有效百分比（%）	累积百分比（%）
有效	压力大不利工作	15	4.9	4.9	4.9
	有压力影响工作	47	15.3	15.3	20.2
	无影响	21	6.8	6.8	27.0
	有压力推进工作	147	47.9	47.9	74.9
	有压力利于工作	77	25.1	25.1	100.0
	合计	307	100.0	100.0	

表 4.82　援派干部人才认为北京市扶贫协作考核聚焦对象

选项		频率	百分比（%）	有效百分比（%）	累积百分比（%）
有效	省（区）级援派团队	54	17.6	17.6	17.6
	地市级援派团队	140	45.6	45.6	63.2
	援派干部人才个人	25	8.1	8.1	71.3
	后方援派单位	88	28.7	28.7	100.0
	合计	307	100.0	100.0	

表 4.83　援派干部人才认为的有效激励方式

选项		频率	百分比（%）	有效百分比（%）	累积百分比（%）
有效	经济奖励	67	21.8	21.8	21.8
	职务、职级、职称晋升	204	66.4	66.4	88.3
	荣誉称号	32	10.4	10.4	98.7
	其他	4	1.4	1.4	100.0
	合计	307	100.0	100.0	

四、北京市对口援助调研问卷分析总结

对上述三类问卷进行深入分析后，从援派单位、受援地和援派干部人才自身等方面全面反映了援派干部人才的年龄要求、工龄长度、援派工作期限、文化程度、援派动机、选派方式、工作分工、扶贫协作方式方法、扶贫协作成效、扶贫协作影响因素以及考核激励机制等内容。通过对比分析和排序分析，即可了解各项规定机制和方式方法的优先顺序以及各因素影响的先后顺序。对上述问卷分析结果，主要总结如下：

1. **体制机制**

问卷调查结果表明，扶贫协作体制机制是关系到扶贫协作成效的重要因素。受援地领导则认为影响扶贫协作成效的第二重要因素就是“扶贫工作体制机制”，因此，选择一个好的工作体制机制就会实现事半功倍的效果。此外，激励机制也是关系到援派干部人才工作成效的重要因素，从三类问卷调查结果来看，“职务、职级、职称晋升”无疑是最好的激励机制。

2. **干部选派**

关于援派干部选派方式，援派单位领导更倾向于主动报名，强调了援派的自愿性和主动性；受援地领导则首选为组织选派，这可能是考虑到组织选派较为正式可靠。干部选派方式决定了援派干部人才的产生，从而决

定了对口扶贫协作的成败，事关大局，不可不重视。

3. 援派单位

对口扶贫协作的一方是援派单位，是后方支持单位。援派单位是直接关系到扶贫协作成效的重要因素。援派干部人才认为援派单位影响扶贫协作成效的首要因素是“激励不够”，其次是“产业合作、劳务协作对接不够”，再次是“领导重视不够”。为不断加大北京市扶贫协作力度，充分调动北京市援派单位的积极性、主动性和创造性是极为重要的。

4. 受援地

对口扶贫协作的另一方是受援地，是对口扶贫协作的对象。受援地也是影响扶贫协作成效的重要因素，扶贫协作的成败主要取决于受援地的发展。受援地影响扶贫协作成效的首要因素是“受援地领导重视度”，其次是“受援地资源禀赋”，再次是“受援地干部配合度”。因此，为提升北京市扶贫协作成效，必须与受援地加强联系，充分引起受援地对扶贫协作工作的高度重视，调动一切可用资源，打好脱贫攻坚战。

5. 援派干部自身

援派干部人才是从事扶贫协作工作的主体，是完成北京市对口援助工作的核心资源。援派干部人才自身影响扶贫协作成效的首要因素就是其“能力素质”，其次是其“主观能动性”，再次是其“工作方式方法”。问卷调查表明，北京市绝大部分援派干部是积极主动工作的，扶贫协作成效良好，得到了援派单位和受援地领导的高度评价。受援地领导认为北京市援派干部人才在扶贫协作中“创新创造”不足，这也对北京市援派干部人才提出了新要求，只有深入扶贫协作一线，勇于改革大胆创新，才能取得更好的成效。

第四节　凉山扶贫队伍建设的主要因素分析

随着凉山农村经济的发展和农业结构的调整，一批农村扶贫人才队伍在市场经济大潮中崭露头角。他们常年在农业经济发展一线摸爬滚打，带领当地群众致富奔小康，是推动凉山农村经济社会发展的一支重要力量。但从区县农村扶贫干部人才队伍的现状看，也存在一些不可忽视的问题。

一是对各类扶贫干部人才管理不完善，管理难度大，缺乏专业培训。农村扶贫人才分布不平衡，现有村级农村扶贫人才年龄结构和人才素质结构不尽合理，中高技能人才相对不足。一方面造成农村社会经济发展中对实用人才、实用技术、技能的短缺现象，另一方面也可能造成人才资源的浪费。

二是激励因素不完善，缺乏必要的激励机制。多数农村扶贫人才小农经济意识、保守思想重，加之没有激励机制，导致农村扶贫人才队伍的作用不能充分发挥。另外，在农村扶贫干部人才队伍的使用和培养上，也缺乏一定的激励机制和保障措施。

三是对扶贫干部人才培训力度较弱。扶贫攻坚工作是一项系统性的工作，对干部的个人思想状态、专业素质要求较高，干部需要时时刻刻“充电”，但凉山县区以及乡村一级层面培训力量较为薄弱，对干部的专业化培训力度较小。

四是对扶贫人才监督管理力度不强。对扶贫干部监督管理的渠道相对比较单一，缺少专门监督管理人员，加之基层干部监督工作力量比较薄弱，被动监督多，主动监督少，存在忙于应付的现象。

五是边远乡镇干部队伍不稳定，人才流失严重。边远艰苦乡镇由于自然条件恶劣、资源匮乏、基础设施薄弱，各项待遇、保障相对于发达地区缺乏优势，因此，大多数人不愿意在边远乡镇工作，造成边远乡镇人才流失。

对于年轻干部，尤其是在脱贫攻坚第一线工作的年轻干部，习近平总书记在十九大报告中就明确提出：“既要政治过硬，也要本领高强。”习近平总书记特别指出了需要增强的八项具体本领，即学习本领、政治领导本领、改革创新本领、科学发展本领、依法执政本领、群众工作本领、狠抓落实本领、驾驭风险本领。在 2020 年 10 月 10 日的中央党校（国家行政学院）“开学第一课”上，习近平总书记详细列出了干部特别是年轻干部需要提高的七种能力：政治能力、调查研究能力、科学决策能力、改革攻坚能力、应急处突能力、群众工作能力、抓落实能力。这为年轻干部尤其是扶贫驻村干部的能力发展指明了方向。从八项本领到七种能力，都是硬杠杆。只有本领在手、实力超群，才能克服能力不足、本领恐慌，才能真正实现想干事、能干事、干成事。

第五章

凉山扶贫队伍作用发挥的长效机制

第一节　凉山扶贫队伍作用发挥机制建设

如何更有效地发挥凉山扶贫干部人才的扶贫协作作用，以增强凉山扶贫效果，其根本路径是要形成有效的扶贫干部队伍选派机制、安排任用机制、考核机制、激励保障机制和反馈机制。这些机制是有效发挥扶贫干部人才作用的长效机制。下面对这些机制逐一加以分析说明。

一、选派机制

选派机制是指选拔符合扶贫驻村干部条件的人以派出从事精准扶贫工作的规则办法。选派机制是决定扶贫协作工作成效的一项重要机制，它决定了扶贫干部人才质量和素质的优劣高低。因此，采取一项有效的选派机制在一定程度上决定了扶贫工作的成败。通常选派机制有组织遴选、主动报名＋组织审核和推荐选拔等方式。组织遴选反映了选派扶贫干部的组织的权威性和专业性；而主动报名＋组织审核反映了在一定条件要求下的扶贫干部的主动性和积极性，在确认符合相关条件要求下选派的申报扶贫援助干部应该是较好的选派对象；推荐选拔扶贫援助干部人才也是可以考虑的一个重要的补充选拔机制，在组织遴选工作量较大、主动报名不足的情况下，这种选派机制可以增添扶贫干部人才的人选，有效解决人员不足问题。

二、安排任用机制

安排任用机制又称为干部人才匹配机制，人职匹配就是按照人适其事、事宜其人的原则，根据干部人才个体间不同的素质和要求，将其安排在各自最合适的岗位上，保持个体素质与工作岗位要求的同构性，即保持个体需要与工作报酬的同构性，从而做到人尽其才。人职匹配的两大理论也是现今影响力最大的两大人职匹配理论，分别为“特性—因素论”“人格类型—职业匹配论”。美国社会学家帕森斯指出，实现有效合理的人职匹配需要三个步骤：

一是评价自己的生理和心理特点，清楚地了解自己的能力、性格、气质和兴趣是人职匹配的前提和基础。人才要广泛收集自己身体情况、能力倾向、兴趣爱好、气质与性格以及家庭背景、学业成绩及工作经历等方面的情况，在择业时通过心理测量及其他测评手段对这些资料进行整合分析，找出自身的生理和心理特点，从而为人职匹配明确人才基本信息。

二是分析各种职业对人的要求，并向人才提供相关职业信息，掌握相关职业信息是人职匹配的必要条件。相关职业信息包括该职业的性质和对人的性格要求、学历要求、能力要求、心理特点要求等。此外，职业的工资待遇、工资条件、为实现职业发展而设置的教育课程计划，以及提供这种课程的教育机构、学习年限、入学资格和费用等都是求职者在进行职业选择时应该考虑的因素。

三是在清楚地掌握了自己的生理和心理特点以及职业的各项指标之后，要对二者进行综合比较分析，从而选择既适合自己的个人特点又有机会从事的职业。“特性—因素论”强调个人所具有的特性与职业所需要的素质与技能（因素）之间的协调和匹配。该理论首先提出了在岗位决策中进行人职匹配的思想。

安排任用机制强调了人职适宜，只有人职匹配才能实现最大的工作效率。为此，我们需要遵循上述人职匹配理论，对于扶贫干部人才的任用安排才能实现各尽所能、各得其所。

三、考核机制

考核机制就是一种绩效考评制度，是指通过对照工作目标或绩效标准，采用一定的考评方法，评定考核对象的工作任务完成情况、工作职责履行程度和其发展情况，并将上述评定结果反馈给考核对象的一种制度。

目标责任考核机制是一种行政机关绩效评价和动力机制，它以行政管理目标为导向，以行政责任制为基础，通过组织定期检测行政组织或行政人员的工作行为，并以奖惩制度进行正向激励，肯定积极行为、否定消极行为，提供了激励行政组织不断改进自身行为、努力创造工作佳绩的动力源泉。目标责任制可分为组织工作目标责任制与个人岗位目标责任制。目标责任考核机制已在政府各级机关单位行政管理系统实施多年，实践证明有效地推动了各级监管工作的开展，确保了各项职能到位，促进了工作效率和工作质量的提高。但是，由于机制本身的局限性和各种主客观因素的制约，目前，政府各级机关单位的目标责任考核机制还存在一些缺陷，有待进一步创新和完善。

四、激励保障机制

所谓激励，就是指激发人的动机的心理过程。通过激发和鼓励，使人们产生一种内在驱动力，使之朝着所期望的目标前进。激励保障机制是指通过特定的方法与管理体系，将员工对组织及工作的承诺最大化、持续化的过程。激励保障机制是在组织系统中，激励主体系统运用多种激励手段并使之规范化和相对固定化，而与激励客体相互作用、相互制约的结构、方式、关系及演变规律的总和。激励保障机制是组织将远大理想转化为具体事实的连接手段，包括精神激励、薪酬激励、荣誉激励、工作激励等。激励理论指出，激励机制通常包含诱导因素、行为导向、行为幅度、行为时空和行为归化等元素。

其中诱导因素就是用于调动员工积极性的各种奖酬资源。对诱导因素的提取，必须建立在队员个人需要进行调查、分析和预测的基础上，然后根据组织所拥有的奖酬资源的时期和情况设计各种奖酬形式，包括各种外在性奖酬和内在性奖酬（通过工作设计来达到）。需求理论可用于指导对诱导因素的提取。

行为导向是组织对其成员所期望的努力方向、行为方式和应遵循的价值观的规定。在组织中，由诱导因素诱发的个体行为可能会朝向各个方向，即不一定都是指向组织目标的。同时，个人的价值观也不一定与组织的价值观相一致，这就要求组织在员工中间培养统驭性的主导价值观。行为导向一般强调全局观念、长远观念和集体观念，这些观念都是为实现组织的各种目标服务的。美国组织管理学家勒波夫博士在《怎样激励员工》一书中指出，世界上最伟大的管理原则是奖励：受到奖励的事会做得更好，在有利可图的情况下，每个人都会干得更漂亮。他还列出了企业应该奖励的 10 种行为方式：

奖励彻底解决问题的，而不是仅仅采取应急措施；

奖励冒险，而不是躲避风险；

奖励使用可行的创新，而不是盲目跟从；

奖励果断的行动，而不是无用的分析；

奖励出色的工作而不是忙忙碌碌的行为；

奖励简单化，反对不必要的复杂化；

奖励默默无声的有效行动，反对哗众取宠；

奖励高质量的工作，而不是草率的行动；

奖励忠诚，反对背叛；

奖励合作，反对内讧。

行为幅度是指对由诱导因素所激发的行为在强度方面的控制规则。根据弗鲁姆的期望理论公式（$M = V \times E$），对个人行为幅度的控制是通过改变一定的奖酬与一定的绩效之间的关联性以及奖酬本身的价值来实现的。根据斯金纳的强化理论，按固定的比率和变化的比率来确定奖酬与绩效之间的关联性，会对员工行为带来不同的影响。前者会带来迅速的、非常高而且稳定的绩效，并呈现中等速度的行为消退趋势；后者将带来非常高的绩效，并呈现非常慢的行为消退趋势。通过行为幅度制度，可以将个人的努力水平调整在一定范围之内，以防止一定奖酬对员工的激励效率的快速下降。

行为时空是指奖酬制度在时间和空间方面的规定。这方面的规定包括特定的外在性奖酬和特定的绩效相关联的时间限制，员工与一定的工作相结合的时间限制，以及有效行为的空间范围。这样的制度规定可以防止员工的短期行为和地理无限性，从而使所期望的行为具有一定的持续性，并在一定的时期和空间范围内发生。

行为归化是指对成员进行组织同化和对违反行为规范或达不到要求的处罚和教育。组织同化（Organizational Socialization）是指把组织的新成员带入组织、融入组织的一个系统的过程。它包括对新成员在人生观、价值观、工作态度、合乎规范的行为方式、工作关系、特定的工作机能等方面的教育，使他们成为符合组织风格和习惯的成员，从而具有一个合格的组织成员身份。关于各种处罚制度，要在事前向员工讲解清楚，即对他们进行负强化。若违反行为规范和达不到要求的行为实际发生了，在给予适当的处罚的同时，还要加强教育，教育的目的是提高当事人对行为规范的认识和行为能力，即再一次的组织同化。所以，组织同化实质上是组织成员不断学习的过程，对组织发展具有十分重要的意义。

以上五个方面的制度和规定都是激励保障机制的构成要素，激励保障机制是五个方面构成要素的总和。其中，诱导因素起到启动行为的作用，后四者起导向、规范和制约行为的作用。一个健全的激励保障机制应是完整地包括以上五个方面、两种性质的制度。只有建立这样的激励保障机制，组织才能进入持久良性的运行发展状态。因此，对于凉山州扶贫干部人才建立相应的激励保障机制时，必须要重视这五个元素，才能有的放矢，有效调动扶贫干部人才的工作积极性、主动性和创造性。

五、反馈机制

在管理的过程中，一个重要环节就是反馈。有反馈才能加以控制，这是管理的基本规律。建立反馈机制的关键是做好以下几个方面：

一是我们要明确发展目标，就是要知道我们想要的最终结果是什么，即要知道我们的发展方向以及我们现在所处的位置。

二是要把我们的最终目标进行分解，也就是要建立一个体系，把总目标细分为一个个比较小的目标，这个细分目标要具体到我们能够立刻执行出结果，也就是说我们能够立刻完成的微小目标。因此，看一个目标是否需要再进一步进行细分，就看这个目标我们能否立刻完成。

三是要明确实现目标的任务。也就是我们要搞清楚实现目标需要具体做哪些事情，并把这些任务清单罗列出来。

四是要限定时间。列出时间清单，明确什么时间应该做什么事，要达到什么样的结果，实现按计划行动。

五是要勤反馈。反馈分为两种，第一种情形是自反馈，即所做事情本身过程中发生的自动反馈；第二种情形是外部反馈，即不是我们的行为过程本身产生的反馈，是行为过程与外部环境之间发生的反馈。

通过以上五个方面，我们即可建立较为完善的反馈机制，以确保实现组织既定的目标。只有建立健全有效的反馈机制，我们才能最终实现扶贫的工作目标。

第二节　凉山扶贫干部队伍选派和管理模式

为全面做好凉山州扶贫干部人才的选派与管理工作，在建立上述长效机制的基础上有必要进一步强化扶贫干部人才选派与管理模式的精细化建设和培养。为此，首先要完善扶贫干部人才的选拔机制及模式。

一、扶贫干部选派模式

过去选派对口支援干部一般是天女散花，每个单位不论需不需要都有，造成有的单位扶贫干部人才累得很、有的闲得很。这种天女散花式选派援助干部看起来简单，组织部门交给各对口扶贫单位选派，实际上对选派过程难以掌握，选派结果难以把控。因此，为实现精准选派和高效使用、发挥扶贫干部扶贫工作效率，我们针对凉山州提出，要根据适合凉山州需求的省区相关部门实行对口干部人才扶贫模式，主要模式为组团式与对口交换式。

1. **组团式分析**

组团式包括三个部分：组团式扶贫干部、组团式医疗、组团式教育。组团式易于发挥团队效率、集体精神和集体意志，也会避免发生不必要的问题；经常说众人拾柴火焰高，也就是说集体的力量大。集体也会形成一个有力的纠错机制，互相提醒、互相批评，更有利于发展和提高。

2. **对口交换式分析**

对口交换式既可以是单个干部交流任职，也可以是组团式交流使用，只是强调了结对组团，县区与县区结对，单位与单位结对，这样既体现了对口援助协作的需求满足，又便于实现有效考核而不是形式考核，实现组织考核县区和单位，县区和单位考核交流干部这种模式。此外，对口交换式同时实现了援受双方干部人才的交流互动性，实现了援受双方的互利共赢。

二、扶贫干部管理机制

在做好扶贫干部人才选拔管理的基础上，为有效发挥扶贫干部人才的工作才能及效率，需要进一步完善扶贫干部人才的管理模式和机制。为此，至少要做好以下四个方面：

一是协调联系机制。建立凉山州委组织部定期与选派到贫困地区任职干部人才原单位、贫困地区党委协调联系机制，结合选派到贫困地区任职干部人才的专业特长、工作经历、知识结构和能力素质等情况，为所有选派到贫困地区任职干部人才合理安排岗位，确保他们下得去、干得好、蹲得住，更好地帮助贫困地区组织抓班子、带队伍、厘思路、促发展。

二是服务管理机制。建立贫困地区党委直接管理、派出单位协助管理、基层组织监督管理的“三方共管”机制，帮助选派到贫困地区任职干部人才解决工作、学习和生活等方面的实际困难，由贫困地区党委班子成员、基层组织与扶贫干部人才结成“1+1、N+1”帮扶对子，在生活中谈心谈话、交朋友，在工作中交任务、压担子，支持和鼓励选派到贫困地区任职干部人才积极开展工作。

三是日常管理机制。建立严格的请销假、考勤和日常工作制度，要求选派到贫困地区任职干部人才每月汇报一次思想和工作，每半年撰写一篇工作总结，每年记一本“民情日记”，准确反映他们的思想、学习、生活和工作动态，有效促进扶贫干部人才“面对面”“零距离”联系服务群众，使扶贫干部人才在实际工作中接触地气、增厚底气、增长本领。

四是考核评价机制。建立由基层组织评议、贫困地区党委平时考核、凉山州委组织部年度考核的“一评议两考核”机制，完善考核评价体系，对扶贫干部人才的思想、能力和素质等各方面情况作出全面分析评价，将考核结果作为凉山扶贫干部人才培养使用的重要参考依据。

只有完善上述扶贫干部人才的选拔和管理机制及模式，才能真正激励和促进凉山州扶贫干部人才砥砺奋进、勇于创新，积极主动地完成凉山州委州政府交代的扶贫任务。

第六章

凉山扶贫队伍选任与考核机制研究

要进一步提升扶贫干部队伍的扶贫工作业绩和效率，干部队伍的选拔任用以及考核环节的重视也必不可少。如何全面有效选拔、任用、考核扶贫干部队伍是各级扶贫部门及组织部门面临的重大难题。我们认为，在选拔任用干部上，要坚持德才兼备、以德为先原则，要坚持干部人才的选任理论规律和人职匹配理论等；在考核干部方式上要注意强调综合性考核，而非单项考核；强调定性与定量相结合考核；强调数量与质量相结合考核；强调柔性与刚性相结合考核。目前，在考核扶贫干部的扶贫业绩上有国务院扶贫办出台的东西部协作考核指标体系。该考核指标体系包括组织领导、人才支援、资金支持、产业合作、劳务协作和携手奔小康等六大类指标。凉山地区在选拔、任用、考核扶贫干部上，既要吸取我国干部选任的历史经验和当前各地实践经验，也要坚持上述理论规则以及各项原则要求，为切实提升凉山地区扶贫干部队伍质量打下扎实基础。

第一节　干部人才选拔和胜任力模型

一、新中国成立后我国干部人才选拔任用历程

中华人民共和国成立以后，广大人民在一穷二白的基础上开始建设新中国，可以说是百废待兴，所以需要大量各类人才包括各级政府管理干部等。在特定的历史条件下，新中国成立至 1993 年，我国干部选拔采取“统包统配”模式。这一时期，我国干部选任经历了以下几个发展阶段和

模式，分别概述如下。

1949 年 10 月新中国成立到 1966 年“文革”，是创立和发展阶段。在这一时期，人事法规和制度逐步建立起来。中央先后在干部录用上颁发了高等院校、中专学校毕业生由政府统一分配工作的文件等。进入社会主义建设时期，我们的干部选拔工作一度被“左”的思想左右，把革命时代的选拔标准“神圣化”和“教条化”，只强调阶级出身，不重视干部才能，导致了干部结构的单一化以及干部队伍整体能力的下降。显然，这种情况无法适应社会主义现代化建设的需要。

从 1966 年 5 月到 1976 年 10 月的“文化大革命”时期，是遭到破坏阶段。这一时期，人事机构被撤销，干部受迫害，人事制度受破坏，人事工作陷于瘫痪。

1976 年 10 月到 1987 年党的十三大，是拨乱反正与完善阶段。党的十一届三中全会后，人事工作得到了恢复，在干部任用方面有较大进展。党的十一届三中全会以后，邓小平同志多次强调，解决组织路线问题，就是要解决年轻人的接班问题，还要解决机关臃肿和退休制度的问题，加快实现干部队伍的“革命化、年轻化、知识化、专业化”。随着一大批“四化”干部走上各级领导岗位，中国共产党作为执政党成功地实现了干部队伍的新老交替，确保了改革开放政策的贯彻。1982 年国务院机构改革，一是改革领导体制，减少副总理人数；二是废除干部终身制，建立退休制度，规定部委正职 65 岁、副职和司局级 60 岁退休，促进了新老干部交替和干部队伍“四化”的实现；三是精简机构人员。在 1987 年召开的党的十三大上，党中央在总结前一段干部人事制度改革经验的基础上，进一步确立了全面改革干部人事制度的指导思想、具体内容和当前重点，强调“当前干部人事制度改革的重点是建立国家公务员制度”。

1993 年颁布《国家公务员暂行条例》推出公务员制度。经过八年多上上下下多次征求意见、反复修改，党中央、国务院于 1993 年颁布《国家公务员暂行条例》，并在国务院六个部门、两个城市试点的基础上，结合机构改革和工资制度改革，在全国全面推行公务员制度。通过建立公务员制度，实现了大部分官员录用、提升、培训、交流等的制度化，形成了一支具有较高素质的、稳定的公务员队伍；通过把干部“四化”标准的具体化并配合以任期制、回避制、退休制、培训制、考核制、民主选拔制、公示制等管理制度，提高了各级、各部门领导干部的素质水平，并为更多政府部门优秀人才的产生提供了一定的渠道。此后，国家在干部选拔方面陆续推出了一系列改革措施：

凡进必考。实行公开考试、择优进人，是对传统机关进人方式的重大改革。在公务员的“进口”方面，坚持实行“凡进必考”制度，对担任主任科员以下非领导职务的公务员，采取公开考试与考核相结合的办法，择优录用。国务院各部门以及全国31个省、市、区已连续多年面向社会公开招考，多数地方还打破身份、地域限制，不拘一格选人才。一大批素质好、年纪轻、学历高的优秀人才脱颖而出。

竞争上岗。2004年，为进一步规范和完善党政机关领导干部选拔任用制度，推进干部工作的科学化、民主化、制度化，促使优秀人才脱颖而出，根据《党政领导干部选拔任用工作条例》《国家公务员暂行条例》和有关法律、法规，中央发布了《党政机关竞争上岗工作暂行规定》。竞争上岗是党政领导干部选拔任用的方式之一，依照本规定主要适用于选拔任用中央、国家机关内设的司局级、处级机构领导成员，县级以上地方各级党委、人大常委会、政府、政协、纪委、人民法院、人民检察院机关或者工作部门的内设机构领导成员。涉及重要机密和国家安全的职位，按照法律、法规不宜公开竞争的职位，不列入竞争上岗的范围。竞争上岗一般应当经过下列程序：制定并公布实施方案；报名与资格审查；笔试、面试；民主测评、组织考察；党委（党组）讨论决定；办理任职手续。

笔试、面试与民主测评的操作顺序可根据实际情况确定。

权力下放。党中央于1983年决定改革干部管理体制，改变权力过于集中的现象。一是下放干部管理权限，实行下管一级、分层管理、层层负责的管理体制。二是调整和改进干部管理办法，改变条块分工不合理、层次头绪过多、任免手续烦琐、职责不清、互相扯皮现象，提高干部管理效率。三是开始进行干部分类管理探索，根据机关、企业、事业单位不同情况，探索与厂长、所长负责制相配套的企事业单位人事管理体制。四是开始建立后备干部制度，进一步促进新老干部交替和干部队伍“四化”建设。

在党政干部制度改革方面，中共中央在2004年下发了《公开选拔党政领导干部工作暂行规定》《党政机关竞争上岗工作暂行规定》等干部人事制度改革文件，促进了干部选拔任用工作的民主化进程，提高了干部人事工作的民主化程度。2004年颁发了《党政领导干部辞职暂行规定》和《关于党政领导干部辞职从事经营活动有关问题的意见》等法规文件，在选人用人上有效地引进竞争激励机制，规范党政领导的正常流动，推进领导干部能上能下、能进能出，扩大了党员和群众对干部选拔任用的知情权、参与权、选择权和监督权，有力地推动了扩大民主等各项改革措施的落实。

2005年颁布《中华人民共和国公务员法》。在全面深化改革的经验和长期做好法律草拟工作的基础上，2005年4月，十届全国人大常委会第十五次会议审议通过了《中华人民共和国公务员法》，标志着我国干部人事制度开始走上科学化、民主化、法治化轨道。

《中华人民共和国公务员法》对录用公务员规定：采取公开考试、严格考察、平等竞争、择优录取的办法。公开考试——公开是公正与公平的基础。严格考察——考察的内容主要是报考人员的政治思想和道德品质等，也考察其工作能力。严格考察是“择优”的前提，其目的在于保证被录用的公务员符合德才兼备的标准。德才兼备是我党我国在长期实践中形成的干部选拔与使用的标准，是经过历史验证了的、合理的、行之有效的原则。公开考试的重点在于考察报考者的“才”，而严格考察的重点则在于报考者的“德”。平等竞争——平等即公民在担任公职方面享有平等机会和权利。择优录取——择优录取是平等竞争的结果。竞争为择优提供了可能，择优是竞争的应有之义。

党的十六大以来，公开选拔、竞争上岗已成为干部选拔任用的重要方式之一。从 2003 年到 2006 年底，全国总共公开选拔党政领导干部 1.5 万余人，其中厅局级 390 余人、县处级 3800 余人。通过竞争上岗走上领导岗位的干部共 20 余万人，其中厅局级 500 多人、县处级 2.5 万人。有的地方探索采用厅处级联考、分类选拔的方式改进和完善公开选拔工作，即省（区）、市（地）联合选拔任用厅、处级领导干部，统一发布信息，统一组织报名，统一考试阅卷，统一公布结果，规范了操作，整合了资源，降低了成本。一系列扩大民主的措施进一步扩大了选人视野，拓宽了选人渠道，丰富了干部选拔方式，促进了优秀人才脱颖而出。

2009 年中央出台了《关于建立促进科学发展的党政领导班子和领导干部考核评价机制的意见》，对干部进行科学考核作出了明确规定。与此相配套，中央组织部制定了《地方党政领导班子和领导干部综合考核评价办法（试行）》《党政工作部门领导班子和领导干部综合考核评价办法（试行）》《党政领导班子和领导干部年度考核办法（试行）》。在新的考核内容中，中央强调充分体现科学发展观和正确政绩观的要求：既注重考核发展速度，又注重考核发展方式、发展质量；既注重考核经济建设情况，又注重考核经济社会协调发展、人与自然和谐发展，特别是履行维护稳定第一责任、保障和改善民生的实际成效，彻底改变了“唯 GDP 论英雄”的政绩评价方式。新考核办法中明确指出，对干部的考核内容应充分体现不同区域、不同层次、不同类型的特点，要把结果性指标与过程性情况结合起来。

此外，中央还要求，对干部的考核内容要把政治标准放在首位，坚持以党性作为德的核心内容，加强对领导干部思想政治素质的考核；充分体现考核内容的激励性和约束性，突出对人口资源、社会保障、节能减排、环境保护、安全生产、社会稳定、党风廉政、群众满意度等约束性指标的考核，强化对违反科学发展行为的刚性约束。

考“官”新模式对地方党政领导班子和领导干部的考核评价方式主要有：民主推荐、民主测评、民意调查、个别谈话、实绩分析和综合评价等6个环节。根据中央要求，对干部的考核过程将更强调民主。扩大考核民主，在多个环节都强调体现民意，强化党内外干部群众的参与和监督，把民生改善、社会和谐等群众直接感受到的工作状况与成效纳入地方党政领导班子的民意调查，深入了解领导干部在群众中的公认度，加大群众满意度在考核评价中的分量。考核结果的运用，直接关系考核效果。新考核办法要求，对干部考核应强化考核结果运用，坚持把考核结果作为领导班子建设和领导干部选拔任用、培养教育、管理监督、激励约束的重要依据。

2009年中央印发《2010—2020年深化干部人事制度改革规划纲要》，提出深化干部人事制度改革的指导思想和基本目标。

1. 指导思想

高举中国特色社会主义伟大旗帜，坚持以邓小平理论和“三个代表”重要思想为指导，深入贯彻落实科学发展观，按照加强党的执政能力建设和先进性建设的要求，坚持党管干部原则，坚持德才兼备、以德为先用人标准，坚持民主、公开、竞争、择优方针，坚持科学化、民主化、制度化方向，解放思想、勇于创新，着力解决领导班子和干部队伍建设中的关键问题、干部人事工作中的重点难点问题和干部群众反映强烈的突出问题，树立坚定信念、注重品行、科学发展、崇尚实干、重视基层、鼓励创新、群众公认的正确用人导向，提高选人用人公信度，把各方面优秀人才集聚到党和国家事业中来，为实现全面建设小康社会奋斗目标提供坚强组织保证。

2. 基本目标

通过坚持不懈的努力，逐步形成广纳群贤、人尽其才、能上能下、公平公正、充满活力的中国特色社会主义干部人事制度，培养造就一支适应推进中国特色社会主义伟大事业和党的建设新的伟大工程要求的高素质干部队伍。

扩大干部工作民主，提高干部群众参与度。在干部选拔任用、考核评价、管理监督等环节充分发扬民主，信息更加公开，透明度进一步提高，干部群众的知情权、参与权、选择权与监督权得到保障和落实。

健全竞争择优机制，促进优秀人才脱颖而出。广开举贤荐能之路，选人用人渠道进一步拓宽，选拔任用方法进一步完善，公开选拔力度进一步加大，形成各类人才公平竞争和优秀人才不断涌现、健康成长的生动局面。

完善干部管理制度，增强干部队伍的生机和活力。干部考核科学规范，评价客观准确；流动渠道畅通，资源配置优化；管理约束严格，权力责任统一；激励措施完善，保障体系健全，形成有利于充分调动干部积极性、鼓励干事创业的有效机制。其一，要加强干部选拔任用监督，有效遏制用人上的不正之风。用人行为规范，工作责任明确，监督制约有力，形成风清气正的用人环境，群众满意度明显提高。其二，要深化分级分类管理，健全干部人事制度体系。建立健全统一领导、科学分类、分级管理、调控有效的宏观管理体制，完善符合党政机关、国有企业、事业单位各自特点的分类管理制度，形成内容完备、结构合理、功能健全、科学管用的干部人事制度体系，实现干部人事工作的依法管理和科学管理。

3. 明确党政干部制度改革重点突破项目

当前和今后一个时期，党政干部制度改革要抓住以下重点难点问题，加大工作力度，取得突破性进展。

（1）规范干部选拔任用提名制度

明确干部选拔任用提名主体，规范提名形式、提名程序，合理界定提名责任，扩大提名环节的民主和监督。2010 年制定和实施试行办法，逐步形成主体清晰、程序科学、责任明确的干部选拔任用提名制度。

（2）健全促进科学发展的党政领导班子和领导干部考核评价机制

认真实行并不断完善《地方党政领导班子和领导干部综合考核评价办

法（试行）》《党政工作部门领导班子和领导干部综合考核评价办法（试行）》《党政领导班子和领导干部年度考核办法（试行）》。2012 年前在省、市、县全面实施。到 2015 年初步建立符合不同区域、不同层次、不同类型领导班子和领导干部特点的考核评价体系，形成比较完善的考核评价机制，不断提高考核评价工作的科学化水平。

（3）推行差额选拔干部制度

推行差额推荐、差额考察、差额酝酿，完善地方党委全委会、常委会决定任用重要干部票决制度。探索地方党委差额票决干部办法，2012 年前在一些地方进行试点，认真总结经验。

（4）加大公开选拔干部工作力度

完善公开选拔、竞争上岗制度，积极探索多种形式公开选拔干部办法。坚持标准条件，突出岗位特点，注重能力实绩，完善程序方法，改进考试测评工作，提高公开选拔干部工作的质量。到 2015 年，每年新提拔厅局级以下委任制党政领导干部中，通过公开选拔方式产生的，应不少于 1/3。

（5）逐步扩大基层党组织领导班子成员公推直选范围

推广基层党组织领导班子成员由党员和群众公开推荐与上级党组织推荐相结合的办法，逐步扩大基层党组织领导班子直接选举范围。2012 年前继续开展乡镇党委领导班子成员公推直选试点工作，认真总结经验。

（6）坚持和完善从基层一线选拔干部制度

加大从农村、社区优秀基层干部中考录公务员力度。畅通从优秀村干部中选拔乡镇（街道）领导干部渠道。注重从优秀乡镇（街道）领导干部中选拔县级党政领导班子成员，县级党委、政府领导班子中要保持半数以上有 3 年以上乡镇（街道）、企事业单位等领导工作经历的成员。注重从县、乡党政机关选调优秀干部到市级以上党政机关工作。到 2012 年，中央机关和省级机关录用公务员，除部分特殊职位外，均应从具有两年以上基层工作经历的人员中考录。到 2015 年，中央机关和省级机关工作部门领导班子成员中，具有基层领导工作经历的，应达到一半以上；中央机关司局级领导干部和省级机关处级领导干部中，具有两年以上基层工作经历的，应达到2/3以上。对缺乏基层工作经历的机关年轻干部，要有计划地安排到基层培养锻炼。

（7）建立健全干部职务与职级并行制度

完善干部职级晋升制度，探索依据德才表现和工作实绩晋升职级的相关政策。实行干部职级与待遇挂钩，强化职级在确定干部工资、福利等方面的作用。2012 年前制定和试行《干部职级晋升和管理办法》。

（8）健全调整不适宜担任现职干部制度

合理界定干部不适宜担任现职的情形，规范调整的原则、程序，及时调整不适宜担任现职的干部。拓宽干部调整后的安排渠道，完善相关保障性配套措施。2012 年前制定实施《调整不适宜担任现职干部办法》，并进行试点，逐步做到调整不适宜担任现职干部工作常态化、制度化。

（9）探索建立拟提拔干部廉政报告制度

认真执行党员领导干部报告个人有关事项制度。探索试行拟提拔干部向组织报告本人执行党风廉政建设规定情况、本人涉及当地干部群众反映突出问题的情况、公示中群众反映问题的有关情况及其他方面廉政情况的制度，2012 年前进行试点，条件成熟后逐步推行。

（10）深入整治用人上的不正之风

匡正选人用人风气，坚决整治跑官要官、买官卖官、拉票贿选等问题。畅通电话举报、信访举报和网络举报渠道，加大对干部选拔任用工作的监督检查和巡视力度。健全严重违规用人问题立项督查制度，实行干部选拔任用工作责任追究等用人问责制度，落实深入整治用人上不正之风工作责任制。到 2012 年，用人上不正之风得到有效遏制，初步形成比较完善的防治用人上不正之风长效机制。

（11）实行干部工作信息公开制度

适应发展党内民主和人民民主要求，扩大干部工作信息公开范围。实行干部任用提名情况和民主推荐、民主测评结果在领导班子内部公开制度，探索干部考核结果在一定范围内公开。建立健全干部工作信息向社会公开制度，适时发布干部工作政策法规、领导班子职位空缺情况及其岗位职责要求、考察对象或拟任人选的基本情况、干部选拔任用结果、选人用人严重违纪违法案件的查处情况等。建立党委组织部门新闻发言人制度。坚持和完善干部工作社会评价制度。到2012年基本实现干部工作信息公开的制度化、规范化。

综上所述，新中国成立以后到党的十八大之前，我国党政干部选拔任用以及管理考核等制度不断完善，各项制度建设不断细化、深化和科学化。众所周知，任何一个政党、一个组织，如果没有优秀的干部人才，就不会得到持续良性的发展。中国共产党作为马克思主义政党之一，也必然需要遵循这个规律。中国共产党在选拔培养干部方面，一方面接受马列主义经典思想的指导；另一方面也有自身发展规律，即中国化的马列主义思想指导。其中，毛泽东思想、邓小平理论、“三个代表”重要思想、科学发展观、习近平新时代中国特色社会主义思想是一脉相承的中国化的马列主义思想代表，这些重要的思想理论对我国干部人才队伍建设作出了重要贡献。

干部选拔培养，就是党的组织工作的重心。而党的组织工作必须为党的政治任务、政治路线服务，必须为实现党的政治任务、贯彻落实党的政治路线提供组织保证。对组织工作干部来说，树立大局意识，首先或者说根本的就是要确立围绕党的中心任务、紧密联系和贯彻党的政治路线开展工作的意识。毛泽东同志曾提到，政治路线确定之后，干部就是决定的因素。坚持五湖四海、任人唯贤，就是我们党的干部路线总的要求。任人唯贤的“贤”就是指德才兼备、以德为先，这是我们任用干部的标准和原则。这里说的德，首先就要求选任的干部必须言行一致地坚决拥护党的纲领，执行党的路线，完成党的任务；这里说的才，最重要的也是要求干部用自己的全部才能，通过忠诚履行岗位职责，为完成党的政治任务，执行党的政治路线，做出群众公认的实绩。1938 年，毛泽东同志进一步明确了党的干部德才标准："共产党的干部政策，应是以能否坚决地执行党的路线，服从党的纪律，和群众有密切的联系，有独立的工作能力，积极肯干，不谋私利为标准，这就是'任人唯贤'的路线。"按照这一标准，我们党培养选任了千千万万名优秀干部。他们是执行党的政治路线、完成党的政治任务的骨干力量。

新中国成立后，我们党成为执政党，用五六年的时间完成了社会主义革命，确立了社会主义基本制度。为了建设社会主义新中国，我们党抓紧培养、合理使用各类领导人才和专门人才。一批又一批干部，特别是有一定文化程度或专业知识的干部从军队转到地方，担任各行各业的领导工作，包括派驻国外。党的组织路线，保证了新中国的正常运转。这一时期，党对干部"德"的要求是必须具有坚定的社会主义信念，牢记"两个务必"，清廉为民，自觉适应由新民主主义向社会主义的转变，善于推动"三大改造"。

党的十一届三中全会以后，1979 年召开了全国组织工作座谈会，确定党在新时期组织路线的主要内容就是，使党的组织工作、干部工作促进并确保"四个现代化"的实现。这就要解放思想、实事求是、公道正派、刚正不阿，坚决拨乱反正。按照中央的部署，一方面开展了清除占据各级领导岗位上"三种人"的工作；一方面平反冤假错案，落实干部政策，大批老同志和专业人才重新走上工作岗位，为推动实现全党全国工作重心的战略转移作出了重要贡献。与此同时，各级领导班子职数过多、年龄老化、现代化建设知识不足、专业水平不高等问题也显现出来。针对干部队伍青黄不接、干部素质不适应的情况，中央决定，废除领导干部职务终身制，建立了离退休制度，同时提出了干部队伍"革命化、年轻化、知识化、专业化"的方针。在老一辈革命家以身作则和老同志们的积极支持下，各级党委及其组织部门不拘一格地选拔优秀年轻干部充实到各级领导班子中来，并建立领导干部第三梯队名单，逐步形成后备干部制度。通过新老干部在合作中交替、在交替中合作，顺利完成了各级党政机关和领导人员的有序更替。为了适应现代化建设的需要，改变高度集中统一、用同一种办法管理各类干部的模式，中央提出通过改革、创建有中国特色的干部制度的任务，在坚持党管干部原则的同时，实行“管少、管好、管活”的原则，变下管两级为下管一级，给中央机关、地方和企事业单位必要的用人权。同时，鼓励围绕扩大干部工作中的民主试点，支持党内差额选举的创新。党的十四大决定建立社会主义市场经济体制，党中央随即提出了各级领导班子和领导干部必须具有领导社会主义现代化建设能力的要求。为此，各级组织部门在干部选拔、任用、培养等方面做了大量工作，调动广大干部和各类人才的积极性，加快干部制度改革的探索步伐，制定并实施了《党政领导干部选拔任用工作条例》《中华人民共和国公务员法》等一系列党规、国法。党的十六大以来，党中央针对经济社会发展出现的新情况，提出了科学发展观、构建社会主义和谐社会等重大战略思想。组织工作紧紧围绕推动科学发展、促进社会和谐，培养、选拔、使用好各级领导干部和各类人才；同时，制定实施《关于建立促进科学发展的党政领导班子和领导干部考核评价机制的意见》及配套办法，进一步形成考核评价的正确导向。广纳群贤、人尽其才、能上能下、充满活力的用人机制的建立健全，为各方面优秀人才施展才能敞开了大门，保证了党的政治路线的贯彻落实。

在新的情况下，选拔任用干部，必须紧紧围绕中心、服务大局，认真贯彻德才兼备、以德为先的用人原则。政治坚定是德的核心，有真才实学是对才的要求，实绩突出和群众公认是德才的客观体现和客观评鉴，以德修身、以德服众、以德领才、以德润才是对干部实践以德为先的具体要求。事实表明，领导干部发生的问题，绝大多数出在德上，而群众意见最大的也是集中在德上。我们必须把干部的德才特别是德考察准、考察实。这样做得越好、越具体实际，工作水平和质量就会越高，服务大局也会越有成效。

二、新时代我国干部人才选拔任用制度改革

党的十八大以来，我国进入了社会主义建设的新阶段，即中国特色社会主义发展阶段。党中央提出了“五位一体”的总体战略部署和“四个全面”的发展战略。为实现新时代中央制定的发展目标、中央对干部人才的选拔任用提出了新要求、新办法和新标准。

党的十八大报告将深化干部人事制度改革、建设高素质执政骨干队伍作为全面提高党的建设科学化水平的重要内容，明确指出，要“全面准确贯彻民主、公开、竞争、择优方针，扩大干部工作民主，提高民主质量，完善竞争性选拔干部方式，提高选人用人公信度，不让老实人吃亏，不让投机钻营者得利”。2013 年 6 月 28 日，习近平总书记在全国组织工作会议上，全面论述了“怎样是好干部、怎样成为好干部、怎样把好干部用起来”这三个干部工作的根本问题，并且提出了新时期好干部标准，即“好干部要做到信念坚定、为民服务、勤政务实、敢于担当、清正廉洁”。为我们在新形势下进一步深化干部人事制度改革提供了行动指南，是新时期选人用人的基本遵循，对建设高素质干部队伍具有重大指导意义。

2019 年 3 月，中共中央印发《党政领导干部选拔任用工作条例》（以下简称《条例》），对 2002 年中央颁布的条例进行修改。《条例》根据新形势对干部选拔任用制度进行了改进完善，是做好党政领导干部选拔任用工作的基本遵循，也可以从源头上预防和治理选人用人不正之风。《条例》进一步严格选拔条件、严密选拔程序、强化监督检查和责任追究，并对作为选拔对象的干部个人从严提出了纪律要求，包括明确规定有跑官、拉票行为的干部和“裸官”等不得列为考察对象等。

2015 年 7 月 28 日，中共中央办公厅印发《推进领导干部能上能下若干规定（试行）》（以下简称《规定》），并发出通知，要求各地区各部门遵照执行。通知指出，《规定》按照全面从严治党、从严管理干部要求，

对解决干部能上不能下问题作出具体规定，规范了工作程序，建立了工作责任制，是做好新时期干部工作的重要遵循。《规定》的颁布实施，对于贯彻落实党的十八大和十八届三中、四中全会精神，贯彻落实习近平总书记系列重要讲话精神，完善从严管理干部队伍制度体系，着力解决为官不正、为官不为、为官乱为等问题，推动形成能者上、庸者下、劣者汰的用人导向和从政环境，建设高素质干部队伍，具有十分重要的意义。其中，《规定》明确了干部“下”的 6 种渠道：到龄免职（退休）；任期届满离任；问责处理；调整不适宜担任现职干部；健康原因调整：无法正常履行工作职责一年以上的，应当对其工作岗位进行调整；违纪违法免职。

2016 年 8 月，为进一步规范选拔任用干部人才，贯彻落实全面从严治党、从严管理干部的要求，中共中央办公厅印发《关于防止干部“带病提拔”的意见》。为进一步完善全面从严治党制度体系，2017 年 4 月，中共中央办公厅、国务院办公厅印发《领导干部报告个人有关事项规定》和《领导干部个人有关事项报告查核结果处理办法》。2019 年 3 月，中共中央印发了修订后的《党政领导干部选拔任用工作条例》。此次修订的《党政领导干部选拔任用工作条例》，吸收了党的十八大以来我们党选人用人工作中探索形成的实践成果，有效衔接近年来出台的相关新政策新法规，回应了干部工作中出现的一些新情况新问题，进一步推进了干部选拔任用工作制度化、规范化、科学化。

党的十八大以来，以习近平同志为核心的党中央鲜明提出新时期好干部标准，进一步强化党组织领导和把关作用，完善选人用人制度机制，严把选人用人政治关、品行关、能力关、作风关、廉洁关，坚决匡正选人用人风气，推动选人用人工作取得显著成效、发生重大变化。为深入贯彻习近平新时代中国特色社会主义思想和党的十九大精神，全面贯彻新时代党的建设总要求和新时代党的组织路线，更好坚持和落实党管干部原则，党中央对 2014 年颁布的《党政领导干部选拔任用工作条例》进行了进一步修订，以落实党管干部原则，切实加强党组织领导和把关作用，确保选人用人工作的正确方向。新条例要求要突出政治标准，提拔重用树牢“四个意识”、坚定“四个自信”、坚决做到“两个维护”、全面贯彻执行党的理论和路线方针政策的干部。要坚持事业为上，拓宽用人视野，激励担当作为，大力选拔敢于负责、勇于担当、善于作为、实绩突出的干部。要落实从严要求，加强审核把关，强化纪律监督，坚决整治选人用人上的不正之风。要完善相关配套制度，围绕建立健全干部素质培养、知事识人、选拔任用、从严管理、正向激励体系，推动形成系统完备、科学规范、有效管用、简便易行的选人用人制度机制。

党的十八大以来，中央坚持全面从严治党、从严管理干部，坚定不移惩治腐败，出台多部选人用人党内规范，选人用人的制度“笼子”越织越密。从《党政领导干部选拔任用工作条例》到《推进领导干部能上能下若干规定（试行）》，再到《关于防止干部“带病提拔”的意见》。中央深刻认识到选人用人问题的重要性，持续完善干部选任制度。党的十八大报告提出，坚持和发展中国特色社会主义，关键在于建设一支政治坚定、能力过硬、作风优良、奋发有为的执政骨干队伍。因此，党中央要求，坚持党管干部原则，坚持五湖四海、任人唯贤，坚持德才兼备、以德为先，坚持注重实绩、群众公认，深化干部人事制度改革，使各方面优秀干部充分涌现、各尽其能、才尽其用。

实践证明，党的十八大以来，党中央出台了多部选人用人制度规范，以落实制度规范为抓手，着力解决选人用人中跑官要官、买官卖官等不正之风，为全面从严治党提供了坚实的人力保障，也有力推动了全面从严治党。

三、人才选拔测评理论

扶贫干部人才选拔任用机制的理论依据是什么？对该问题的分析解决有助于强化凉山地区扶贫干部队伍建设的实效。我国各级政府的权力来自于人民、服务于人民，凉山等地区也不例外。实现凉山等深度贫困地区脱贫致富，必须要充分理解和运用有关干部人才选拔任用的基础理论。

（一）公共选择理论

公共选择理论的研究对象是公共选择问题，公共选择就是指人们通过民主决策的政治过程来决定公共物品的需求、供给和产量，是把私人的个人选择转化为集体选择的一种过程（也可以说是一种机制），是利用非市场决策的方式对资源进行配置。所以说，公共选择在本质上实际就是一种政治过程。该理论从实证分析的角度出发，以经济人为基本假定和前提，运用微观经济学的成本—效益分析方法，解释个人偏好与政府公共选择的关系，研究作为投票者的消费者如何对公共物品或服务供给的决定表达意愿。公共选择理论是政府行为和决策的理论依据。

（二）委托代理理论

委任制的理论基础是委托代理理论。委托代理理论是制度经济学合同（契约）理论的主要内容之一，主要研究的委托代理关系是指一个或多个行为主体根据一种明示或隐含的合同，指定、雇佣另一些行为主体为其服务，同时授予后者一定的决策权利，并根据后者提供的服务数量和质量对其支付相应的报酬。授权者就是委托人，被授权者就是代理人。委托代理关系起源于“专业化”的存在。当存在“专业化”时就可能出现一种关系，在这种关系中，代理人由于相对优势而代表委托人行动。现代意义的委托代理的概念最早是由罗斯提出的：“如果当事人双方，其中代理人一方代表委托人一方的利益行使某些决策权，则代理关系就随之产生。”委托代理理论从不同于传统微观经济学的角度来分析企业内部、企业之间的委托代理关系，它在解释一些组织现象时优于一般的微观经济学。委托代理理论的主要观点认为：委托代理关系是随着生产力大发展和规模化大生产的出现而产生的。其原因一方面是生产力发展使得分工进一步细化，权利的所有者由于知识、能力和精力的原因不能行使所有者的权利了；另一方面是专业化分工产生了一大批具有专业知识的代理人，他们有精力、有能力代理行使好被委托的权利。但在委托代理的关系当中，由于委托人与代理人的目标函数不一样，委托人追求的是自己的财富更大，而代理人追求的是自己的工资津贴收入、奢侈消费和闲暇时间最大化，这必然导致两者的利益冲突。在没有有效的制度安排下，代理人的行为很可能最终损害委托人的利益。而当前不管是经济领域还是社会领域，都普遍存在委托代理关系。我国公务员选拔任用中，采取组织部门考核后的委任制也很多。深刻理解运用委托代理理论，对于完善这一干部任用制度有极大意义。

（三）人才测评理论

领导干部选拔任用的重要技术依据就是现代人才测评理论。现代人才测评技术的四大理论基础为：

1. 人与人之间的差异性

正像没有完全相同的两片树叶一样，世界上也没有两个人的心理面貌是完全相同的。人与人之间的心理差异主要表现在智能、个性和行为等方面。比如，有的人思维敏捷，有的人想象力丰富；有的人脾气暴躁，有的人性格温和；有的人做事认真，有的人行事草率；等等。正因为人与人之间存在差异性，每个人都是一个独特的个体，人才测评才变得有必要。可以说，人与人之间的差异性是人才测评存在的前提条件。

2. 个人特征的相对稳定性

如前所说，每个人都有自己的独特性，这种独特性不是在个体身上偶然表现出来的暂时的特点，而是稳定的个人特征。一个人在出生后，经过长期的社会生活，逐步形成了对待生活的态度和个人的行为风格，这种特征一旦形成，就不容易改变。比如说，一个性格很外向的人，不仅在工作单位是好与人打交道的，在社交场合也会是一个活跃分子；不仅今年是这样，而且去年也是这样，明年还会是这样。正因为个人特点具有相对性，才使人才测评变得有必要。如果个人特征没有这种稳定性，人才测评就没有意义了。

3. 心理的可测性

尽管人的心理是无法直接观测的，但它总会通过人的行为反映出来。这样，我们可以通过人对外界刺激的反应来间接测量心理。现代人才测评技术正是通过人的外显行为来推断其心理过程。比如，一个人喜欢观看各种机器运转，热心为别人修理钟表、自行车，由此我们便可推断此人具有机械兴趣方面的特质。大量的人才测评实践表明，这种测评方式既具有一定的可靠性，又具有一定的准确性，这说明人的心理活动是可以有效地加以测量的。

4. 人与职位的匹配性

现代社会是由许多不同层次、不同部门的岗位网络所组成的。由于每一个岗位的工作性质、工作内容、技术难度和责任都不相同，所以对任职者的素质要求也不相同。由此，人与岗位的匹配问题成为现代人事管理的重大研究主题。而要做到人职匹配，首先需要对人和职位进行客观认识与评价。为了了解和评价人，就产生了心理测验、面试、评价中心等人才评价手段；为了了解岗位，就有了工作分析、工作描述等岗位分析和评价技术。人才测评方法的具体内容与过程如下：

（1）选拔指标分析与定义

选拔指标或称选拔维度就是根据岗位的具体要求需要对每个申请者考察的内容。首先我们要明确这个岗位需要考察的指标有哪些，然后我们还要考虑站在拟聘岗位的角度这些指标应该如何理解，最后我们还应该知道每个指标具体的行为表现应该有哪些。这就是选拔指标分析与定义的过程。下面我们来举例说明如何对选拔指标进行分析和定义。

如某高科技公司招聘总经理，通过工作分析以及与该企业高层主管的深入访谈确定了总经理岗位需要具备的素质，分别是：

①战略管理能力；

②知人善任能力；

③创新变革能力；

④团队组织能力；

⑤分析决策能力；

⑥授权控制能力；

⑦建立伙伴关系能力；

⑧沟通能力。

以上这些具体的素质要求就是该岗位的选拔指标。选拔指标是通过工作分析或胜任特征分析获得的表现岗位素质要求的具体指标。接下来我们需要对每个指标进行定义。实践中我们发现很多岗位对某一项能力都有要求，比如“沟通能力”无论对管理岗位、技术岗位还是营销岗位都是重要的基础能力。但稍加分析大家就能发现，其实某一项能力在不同岗位上会表现出不同的行为特点。

选拔指标定义方法有很多，如典型行为定义、操作定义和极端特征定义等。我们经常采用的方法是“两维行为分析法”。即分析构成选拔指标的关键行为和每个关键行为的等级区别。即使是同一项选拔指标，在不同类别岗位上的关键行为也不同，且每个等级的行为表现存在一定差异。

（2）选拔方法选择

选拔方法就是考官利用那些具体的技术对职位申请者进行评估。对于大部分人力资源主管来说面试是普遍采用的技术。当然还包括心理测验、情境模拟（其中包含无领导小组讨论、公文筐测验、案例分析、管理游戏等）、工作样本、申请表、背景调查等。前面我们曾经提及任何选拔方法都有其局限性，不同的选拔指标适用于不同的选拔方法，一个选拔维度可能同时适合两种以上的选拔方法。

假设我们确定了影响并试图控制他人、沟通能力、创新能力、关注他人四项选拔维度作为渠道经理的选拔指标。我们要逐一分析这四个指标分别用哪些测评方法比较合适，“影响并试图控制他人”用心理测验中的动机测验；“沟通能力”可以用面试或无领导小组讨论；“创新能力”可以用情境模拟中的公文筐测验或无领导小组讨论，也可以用面试的方法；“关注他人”可以用面试或情境模拟中的无领导小组讨论。确定了适宜每个选拔指标的方法后，我们再来决定将选拔进行组合后设计题目或直接选取题库中的题目。在这一环节要注意：并不是所有的题目都需要自己开发，也不是所有的题目我们都有时间与精力去开发。如：个性测验，我们就很难在短时间内开发出来，并且没有开发的必要，完全可以应用比较经典的个性测验来解决问题。

（3）设计、选择选拔题目

这个环节是设计、选择各种选拔方法所采用具体题目的过程。如：面试题目设计、情境模拟题目设计等。这就需要人力资源主管必须注意各种方法之间的连接性，让题目之间有一定的联系性，在国外，很多企业开始尝试在情境模拟中采用同一案例背景信息，以增强其仿真的特点。如果需要利用心理测验的话，人力资源主管还需要选择合适的测验量表。由于后文还将讨论题目设计问题，在此不再赘述。

（4）选拔方案设计

选拔方案设计即根据选拔方法的特点及实际情况来决定选拔技术的先后顺序。设计选拔方案要根据“成本最低、时间最短、用人最少”的原则，精确地计算选拔成本、准确地规划选拔时间、合理地安排选拔场地、详细地安排人员分工。做好考官分组、人员分工、计算题目数量、计划选拔时间等工作。选拔方案设计还要注意各种方法之间的连接性，如在情境模拟方法中的公文筐测验结束后，考官要对申请者进行追问，因此在选拔方案设计的过程，我们可以将公文筐测验放在前、面试放在后。

（5）实施选拔过程

选拔的实施过程是按照选拔方案规定的时间计划与分工计划及前后顺序完成选拔任务的过程。此环节需要提醒大家的是“考官培训问题”，实施评估之前必须对来自企业内部或外部的考官进行深入、细致的培训。很多考官一般只依赖自己在以往项目中积累的经验对申请者进行评价，而不是依据客观的岗位素质标准，这也是很多选拔结果缺乏说服力的直接原因。因此，在实施之前必须要对考官进行选拔维度、题目、评价标准的培训。

（6）选拔结果统计与报告

选拔结束以后，考官要进行各项测验的结果统计工作，并在定量与定性分析的基础上撰写选拔报告。由于很多测验可以直接在计算机上完成，或者是在被试者笔试后由录入人员将被试者的答案数据录入计算机系统，因此，计算机系统能够根据软件规定的成绩统计方式进行成绩统计并输出结果。比如：卡特尔 16 人格因素测验就有计算机软件系统可以直接进行结果统计与选拔报告输出。在企业人才选拔实践中，往往都具有明确的选拔目的。因此会根据选拔维度的特点使用多种选拔方法，所以根据某一个维度可能采用两种以上的选拔工具，这就需要选拔专家根据被试者在针对同一维度的多种选拔方法中的结果撰写总体报告。

（7）选拔结果反馈

很多选拔技术在企业的内部选拔或能力考核与诊断等过程中的应用需要对申请者进行测评结果的反馈。反馈的目的是向申请者说明其在评估过程中的行为或心理表现，并进一步剖析申请者的素质特点，向申请者说明评估结果与岗位的匹配程度。在某些情况下还需要专家根据申请者的素质特点与岗位特点，为申请者提出素质发展建议，发展建议则必须具有可实施性的特点。

（四）人职匹配理论

人职匹配就是按照人适其事、事宜其人的原则，根据个体间不同的素质和要求，将其安排在各自最合适的岗位上，保持个体素质与工作岗位要求的同构性，即保持个体需要与工作报酬的同构性，从而做到人尽其才、物尽所用。个体差异是普遍存在的，每一个个体都有自己的个性特征，而每一种职业由于其工作性质、环境、条件、方式的不同，对工作者的能力、知识、技能、性格、气质、心理素质等有不同的要求。进行职业决策

（如选拔、安置、职业指导）时，就要根据一个人的个性特征来选择与之相对应的职业种类，即进行人职匹配。

美国职业指导家霍兰德于20世纪60年代创立的“人格类型论”是在特性—因素论的基础上发展起来的理论。这一理论是源于人格心理学的概念，认为职业选择为个人人格的反映和延伸；另一方面则源自霍兰德本人的职业咨询经验上，经过大量的研究形成了一套系统的职业指导模式。霍兰德人格类型理论的核心内容包括四个基本概念：

一是在当代文化中，大多数人的人格可区分为6种类型：现实型、研究型、艺术型、社会型、企业型、传统型；每一种特定类型人格的人，便会对相应职业类型中的工作或学习感兴趣。

二是在当代社会中，职业环境也和人格一样，能区分为6种类型：现实型、研究型、艺术型、社会型、企业型、传统型。

三是一般说，人总是寻求能发挥自己的知识、能力、技术以及能展示自身态度与价值，找到与自己相适合的职业环境。

四是个人的行为取决于人格与环境特征之间的相互作用。

在上述理论假设的基础上，霍兰德提出了人格类型和职业类型模式，不同类型人格的人需要不同的生活或工作环境，例如实际型的人需要实际型的环境或职业，因为这种环境或职业才能给予其所需的机会和奖励，这种情况即称为“和谐”。霍兰德在其所著的《职业决策》中描述了六种人格类型的相应职业。霍兰德认为，最为理想的职业选择就是个体能找到与其人格类型重合的职业环境，这称为一致性，个人在与其人格类型相一致的环境中工作，容易感到乐趣和内在满足，最能充分发挥自己的才能。

世界职业指导学科的创始者帕森斯是最早提出职业指导定义的美国学者。在他著名的《职业的选择》一书中，对该理论的本质作过三点说明。帕森斯认为，在明智的职业选择中，具有三项一般的要素：

一是清楚地了解自我，即了解自己的气质、能力、兴趣、志向、界限，以及自我存在的一切根据。

二是了解关于职业上的成功、利弊、报酬等的必要资格与机会，以及对各种职业所需要的知识、条件的预测。

三是关于以上两项事实关系的合理推断。

以帕森斯为代表的人职匹配理论由 5 个论点组成：

一是由于人与人之间都存在心理特性的差异，对每个人来说就都可能存在着一个最适合的职业。

二是每个职业都需要有人进行最合理的、有效率的操作，并且对任职者的要求条件也有所不同，因此有必要让最适合条件的人去就任。

三是职业适应的程度，主要取决于个人的特性与职业需要的条件这两者之间是否一致的程度。如果对个人的特性来说是适合的职业，那么职业的满足度就上升，成功的可能性也就越大。这种人与职业的匹配可以比喻为“圆钉进圆洞，方钉进方洞”。

四是作为职业适应与否的标准，其主要依据是个人的职业成功与对职业的满足状况，因此通常也根据个人已获得的职务职位上成功的标准进行评价。

五是以上各论点中，对个人的研究、职业的研究以及个人与职业是否匹配的推理是最重要的方法。

四、领导胜任力模型理论

1973 年，哈佛大学的戴维·麦克兰德教授首次提出了“胜任力”概念，即能将某一工作中有卓越成就者与普通者区分开来的个人的深层次特征，它可以是动机、特质、自我形象、态度或价值观、某领域知识、认知或行为技能等任何可以被可靠测量或计数的并且能显著区分优秀与一般绩效的个体特征。广义的胜任力定义认为胜任力包括职业、行为和战略综合三个维度。职业维度是指处理具体的、日常任务的技能；行为维度是指处理非具体的、任意的任务的技能；战略综合维度是指结合组织情境的管理技能。在一个组织中，不同岗位的职务所要求员工具备的胜任力内容和水平是不同的；在不同组织和不同行业中、相同的或类似工作岗位上，员工的胜任力特征也不尽相同。因此，我们把担任某一个特定的任务角色所必须具备的胜任力总和称为“胜任力模型”。胜任力模型是指担任某一特定职位并表现优异所必需的胜任力总和，它是胜任力的结构形式。胜任力模型是组织实施人员招聘、培训开发、绩效管理等工作的科学依据，对于人力资源管理工作具有基础支撑作用。基于胜任力模型的人才计划是目前国际上盛行的人才选拔方式，是以胜任力理论为基础，建立人才选拔评价体系；再以行为访谈法、评价中心法为手段，进一步完善选拔评价体系。

基于胜任力模型的干部选拔体系是在人才选拔体系的基础上，深化能岗匹配为干部与岗位系列、干部与具体岗位、干部与整个班子的多向匹配。与传统的干部选拔工作相比，基于胜任力模型的干部选拔体系更具系统性和科学性，它不仅为干部的个人发展明确了方向，更为组织的选拔培养绘制了图谱。企业可以利用胜任力模型将干部“对号入座”，定制干部与后备干部选拔培养计划，高屋建瓴地盘活干部选拔培养的棋局。

因此，基于胜任力模型的后备干部计划有以下优点：一是具体而非笼统地对干部进行评估；二是针对各岗位要求提出具体的选拔和培训方向，为提拔和培养干部提供针对性指导；三是客观评价干部与岗位系列、干部与具体岗位、干部与整个班子的多向匹配程度，发掘最合适的人选，提高干部选拔的信效度；四是给企业的可持续性发展提供源源不断的人才供应。

一个完整的胜任力模型由核心能力素质、通用能力素质和专业能力素质三部分组成。因此，能力素质要素的提炼也将围绕这三部分能力素质进行。下面，将以国有企业情形为例加以说明。

首先是进行核心能力素质要素的提炼，“核心能力素质”是基于企业核心价值观、企业文化与战略愿景，要求全体员工都应具备的能力素质。核心能力素质要素提炼可以采取行业共性分析、企业资料分析和企业调研等方式进行。例如，行业共性分析，可以采用优秀标杆企业借鉴等方法，通过对行业的共性分析以及标杆企业核心能力素质的分析，获取行业或标杆企业在核心能力素质方面的共性需求，得出可供备选的核心能力素质要素，最终经过分析和研讨确定企业的核心能力素质。其次是进行通用能力素质要素的提炼。“通用能力素质”是每个岗位序列所要求的能力素质，但不同岗位对能力素质的要求不同。通用能力素质要素提炼可分为以下三个步骤：第一步，通过工作职责的梳理和借助能力素质辞典等方式初步构建适合目标企业的能力素质库；第二步，通过问卷调查、行为事件访谈以及专家研讨等方式确定各序列的备选能力素质；第三步，通过专家评议或小组讨论等方式最终确定各序列的通用能力素质。最后是进行专业能力素质要素的提炼。“专业能力素质”是某个特定角色和工作所需要的特殊的能力素质，通常情况下，专业能力素质是针对特定岗位来设定的。第一，通过访谈、岗位说明书职责分析等方式初步确定各职位的专业能力素质库；第二，与专家进行充分交流与探讨，对职位应具备的专业能力素质项进行筛选、补充、调整；第三，确定各序列的专业能力素质。这样通过对核心能力素质、通用能力素质以及专业能力素质三个层面能力素质的提炼，最终得出各个岗位的能力素质模型条目。最后一步是进行岗位能力素质要素评级。对各项能力素质条目进行定义，并表述出其在不同程度和状态下的行为特征，划分出不同的等级，例如，“团队合作精神”的初级、中级、高级分别是什么表现。等级描述旨在为员工的等级评价提供标准。其中，核心能力素质和通用能力素质是根据能力素质的特点在行为的强度、幅度等标准中选择最适合的分级标准对能力素质进行分级描述，可以划分为1级、2级、3级和4级等不同级别。例如，通用能力素质中“沟通能力”的1级描述为“基本的沟通能力：谈话或书面表达基本能抓住要点；表达观点与传递信息基本上简洁清晰；表现出愿意倾听的态度，不随意打断他人的谈话；听出他人的感受或含意，可能提出问题以确定对说话者的分析判断”。专业能力素质分级描述是以知识或技能的掌握程度和处理问题的复杂程度为标准进行分级描述，可以划分为学习级、指导级、应用级和专家级等不同的级别。例如，“指导级”的表述为：“能精通某一方面的知识、流程或是工具的使用；能够应用该方面知识处理富有挑战性的和复杂的事项；能够指导小范围的团队展现该方面的知识”等。对各岗位的能力素质进行评级，确定各岗位各项能力素质的等级标准。例如，某岗位核心能力素质中“诚实守信”的等级要求为“2”，通用能力素质中“预见能力”的等级要求为“1.5”，专业能力素质中“变革推动能力”的等级要求为“3”等。

经典胜任力模型有冰山模型和洋葱模型等。冰山模型就是将人员个体素质的不同表现划分为表面的“冰山以上部分”和深藏的“冰山以下部分”。洋葱模型各核心要素由内至外分别是动机、个性、自我形象与价值观、社会角色、态度、知识、技能等。

五、干部选拔案例分析

【案例】北京市东城区公开选拔处级干部有哪些理论创新的运用？

（一）创新考评方法

改变以往考官从内部产生、工作程序都由组织部门负责完成的做法，全部交由北京市双高人才中心负责。科学命题，在笔试阶段，双高人才中心根据竞争职位的要求和特点出题，题型内容涉及法律、时事、经济等多方面内容，全面考察一个人的基本理论、知识结构。在面试阶段，采取结构化面试，充分吸收现代人才测评技术、心理测评技术，根据职位要求确定面试题目。面试中有行为描述、情景假设等题目，考察考生综合分析能力、组织协调能力、语言表达能力、心理素质等。严格评分标准，挑选具有较高专业水平的专家、有实际工作经验的领导做考官，制定详细的评分参考标准。公开选拔打破以往“以考试论英雄”的做法，实行笔试环节不淘汰，采取“考评结合”的形式，在笔试、面试的基础上，深入考生所在单位，开展领导班子测评和群众公认度测评。以上三个环节按照30%、40%、30%的权重比例加总成绩，总成绩按照竞聘职位数1∶3的比例进行排名。组织部门在笔试、面试过程中只负责组织人员参加，提供有关服务，不参与具体考评环节，确保考试过程公开透明。

（二）严把考察环节

实行干部考察工作责任制，严格履行考察程序、规范谈话方式、明确责任。考察过程中，把领导班子考评和群众公认度考评结合起来，延伸考察范围，不仅考察“工作圈”，同时把“社交圈”“生活圈”也纳入考察范围，并按照“才位相宜”的原则，把人才个体的素质水平与其任职的工作岗位进行匹配，真正做到“量才就位”。在公开选拔过程中，坚持全程公示原则。严格监督报名、考评、考察酝酿、讨论决定的每一个环节，设立专项举报电话、举报信箱、举报接待室，鼓励广大干部群众参与监督。

（三）初步成效

拓宽了选人用人视野。将干部放在同一条件下进行公开、公平竞争，实现了选任方式由封闭向开放转变，增强了干部工作透明度，为优秀人才脱颖而出搭建了平台，有利于组织和干部之间“双向选择”，促进人才合理流动。

改善了干部队伍结构。集中选拔出了一批文化层次高、工作能力强、专业素质好的优秀干部，特别是优秀年轻干部、女干部，改善了处级领导班子的整体结构，促进了干部交流和人才资源的优化配置。

激发了干部队伍活力。激发了广大干部认真学习、奋发向上的进取精神，使大家把精力集中到加强学习、勤奋工作、提高自身素质上来。

树立了正确用人导向。公开选拔打破了“论资排辈”的陈旧观念，变“伯乐相马”为“赛场选马”，充分体现了公开、公平、公正原则，体现了竞争择优原则，注重在基层一线选拔干部，尤其是注重任用那些脚踏实地、求真务实的干部。

（四）几点体会

扩大干部群众参与度，提高公开选拔工作的影响力。一是广泛动员。要加大对公开选拔工作的宣传，深入做好广大干部的思想政治工作，努力消除竞争者的心理压力，动员符合条件的人员参与竞争。二是扩大民主。要积极发动干部群众参与到选拔过程中来，调动干部群众参与竞争和参与监督的主动性和积极性，为公开选拔工作创造良好的社会舆论环境。三是强化监督。要拓宽监督渠道，实行舆论监督、群众监督和组织监督相结合的方式，使公开选拔得到干部群众广泛认同和拥护。

量化考察考核标准，提高公开选拔的准确性。一是完善考察方法。要建立较为科学的干部考核评价体系，将考察标准量化为具体要素，并按照这些要素所占比重折合成一定分值，坚持定性考核与定量考核相结合、组织考核与群众考评相结合，综合分析考察对象的工作实绩，取得让人信服的考察结果。二是拓宽考察视野。要把领导班子考评和群众公认度结合起来，不仅要听取领导干部的意见，还要重视听取基层干部群众的意见。三是突出考察重点。要注重考察工作实绩，从工作目标完成情况、自身建设情况等方面进行考察，深入了解掌握干部的真实情况。

完善工作方法，提高公开选拔科学化水平。一是合理确定资格条件。要在符合干部选拔任用条件的前提下，对职位所需人才资源进行认真梳理，根据职位要求和实际需要适当确定公开选拔对象的年龄、学历等资格条件，扩大干部参与的广度，提高干部群众参加的积极性。二是合理确定竞争规则。要认真对竞争职位进行分析预测，制定预案，确定竞争规则，防止报考人数相对集中或相对较少等不平衡现象，营造平等竞争良好氛围，达到从多数人中选人、好中选优的效果。三是合理确定测评方法。委托专业机构加强对测评方法的研究，合理确定笔试、面试等成绩的权重，准确反映考生的综合素质和运用知识解决实际问题的能力。

健全选拔工作程序，提高公开选拔规范化程度。要认真总结经验，制定和完善公开选拔工作流程，明确公开选拔的适用范围、基本程序、考试考察方式、纪律监督等内容。按照民主、平等、竞争、择优原则，继续加大工作力度，有计划地拿出部分职位进行公开选拔，推动公开选拔工作继续朝着科学化、制度化方向健康发展。

综合开发运用工作成果，提高公开选拔工作成效。一是坚持选拔人才与储备人才相结合。要将公开选拔作为实行考任分离的有效途径，探索处级领导干部资格准入制度，对优秀人才建立档案，纳入后备干部队伍进行动态管理和实时培养，并根据工作需要和职位空缺情况，适时选拔到领导岗位任职。二是实现锻炼干部与激励干部相结合。既要通过公开选拔这种形式培养锻炼干部，又要激励广大干部奋发向上，形成公平竞争、拼搏进取的良好氛围。三是注重选拔与加强管理相结合。要把干部评价、选拔、任用、考核、监督、奖惩等各个环节有机地结合起来，探索建立以职责管理为中心的干部管理新模式。

六、干部人才选拔任用具体方法

根据选拔任用的基础理论分析，干部选拔任用工作的重要内容之一就是保证人职匹配，也只有这样，才能实现选拔任用的目标。所有实施选拔任用的方法、技术均以实现人职匹配目标为标准，只有实现人职相宜的选拔任用方法才是好方法。为做好选拔任用基础工作，必须要对选拔任用岗位做好岗位分析。此外，构建一个合适的领导干部胜任力模型也是保证选拔任用成功的重要基础。

选拔任用就是通过现代人才测评技术，根据人职相宜的目标要求，选出德才兼备的领导干部人才加以任用。选拔任用工作科学化水平决定了选拔任用目标的实现程度。有哪些因素会影响到选拔任用工作科学化水平，这是本节探讨的核心内容。深入分析选拔任用过程的各个环节，发现主要有测试和考察两大环节。测试环节包括笔试和面试，目前更加注重考试的科学性和客观性，选拔任用要考出应试者的实际能力和潜在能力，还要与用人职位相匹配。考察环节重点是对考生的行为表现进行实际观察了解，以判断考生的实际工作能力和品德情况。综合而言，对选拔任用工作产生影响的因素主要有以下几个方面。

（一）选拔任用组织工作环节

在这一环节，应根据党员干部选拔任用工作条例，坚持公开、公平、公正、透明地开展选拔任用的组织工作，包括公告宣传、报名登记以及资格审核等工作。组织工作要求工作人员遵纪守法、按选拔任用标准要求办事，整个选拔任用程序要记录在档，并且要有社会、媒体代表参与监督。这一环节要保证程序的公平正义。可见，组织工作细节也很重要，可以说细节决定成败。

（二）选拔任用测试工作环节

选拔任用测试工作包含命题环节、笔试环节、面试环节等。命题环节要深入岗位分析，体现科学命题、客观命题，让干得好的也能考得好，这是决定选拔任用成败的重要环节。要依据人职匹配原理，结合岗位分析结果命题，同时结合心理分析规律、领导胜任力模型，真正实现选拔任用工作的科学化。从测试环节内容来看，构建各项岗位的领导胜任力模型十分重要。关于领导胜任力模型原理在本报告第二部分也有详细描述，本节将从处理事件流程的角度来构建一个领导胜任力模型实例加以说明。

任何岗位的工作都是由一件一件事情组成的，那么，能把岗位每一件事情做好也就意味着胜任该岗位。从基于事件流程的胜任力模型可以看出，做每一件事情，无论大小都必须经过洞察、驱动、决断、推动和应变5个阶段。首先，必须理解该事件的真实内容；其次，要决定处理该事件的出发点和目标；再次，要收集、分析、整理信息，并作出决策，有计划地组织和调动资源，推动事件进程；最后，在推动过程中可能会出现各种意外和变化，必须积极面对并努力促进结果达成。所以，基于事件流程的胜任力模型概括了所有胜任力要求的共性，为构建领导胜任力模型提供了很好的模板。此外，基于事件流程非常符合我们的思维习惯，这也使该模型易于在现实中应用。

1. **模糊综合评价的基本原理**

所谓模糊综合评价是利用模糊集理论对受各种因素影响的事物或现象，根据所给的条件（评判标准和实测值），确定因素集、考核集、权重集、评定集及评价矩阵，本文采用四级进行评定，如 E = {优秀，良好，中等，差}，运用扎德法则进行矩阵乘法，根据“最大接近度原则”给出综合评价结果。模糊综合评价可以对人、事、物进行全面、正确而又定量的评价，因此，它是评价领导胜任力的一种有效方法。

2. **应用实例**

基于事件流程的胜任力模型中各项指标的权重系数和评价等级在研究过程中可以是虚拟的，但在实际评价过程中，这些数据应由专门的评价机构和评估专家来确定。假设领导胜任力模型中洞察力指标因素权重和评价矩阵如下：

$$A1 = (0.4 \quad 0.1 \quad 0.3 \quad 0.2)$$

$$R1 = \begin{pmatrix} 0.3 & 0.2 & 0.2 & 0.3 \\ 0.4 & 0.3 & 0.2 & 0.1 \\ 0.2 & 0.2 & 0.3 & 0.3 \\ 0.1 & 0.3 & 0.4 & 0.2 \end{pmatrix}$$

运用模糊矩阵乘法计算并将结果归一化可得：

$$B1 = A1 \cdot R1 = (0.273 \quad 0.181 \quad 0.273 \quad 0.273)$$

同理，对于领导胜任力模型中驱动力、决断力、推动力、应变力：

$$B2 = (0.182 \quad 0.364 \quad 0.273 \quad 0.182)$$

$$B3 = (0.208 \quad 0.334 \quad 0.250 \quad 0.208)$$

$B4 = (0.250 \quad 0.250 \quad 0.333 \quad 0.167)$

$B5 = (0.182 \quad 0.318 \quad 0.227 \quad 0.273)$

对于领导胜任力而言，权重为：

$A = (0.2 \quad 0.15 \quad 0.27 \quad 0.2 \quad 0.18)$

领导胜任力评判矩阵为：

$$B = \begin{pmatrix} 0.273 & 0.181 & 0.273 & 0.273 \\ 0.182 & 0.364 & 0.273 & 0.182 \\ 0.208 & 0.334 & 0.250 & 0.208 \\ 0.250 & 0.250 & 0.333 & 0.208 \\ 0.182 & 0.318 & 0.227 & 0.273 \end{pmatrix}$$

综合评价矩阵 E 为：

$E = A \cdot B = (0.222 \quad 0.289 \quad 0.267 \quad 0.222)$

根据最大接近度原则，就可以得出该领导的胜任力水平为良好。

可见，上述领导胜任力模型评价具有较大的不确定性和模糊性，利用模糊综合评价法，能够保证评价因素的完整性、全面性，很好地把定性分析和定量分析结合起来；而充分考虑专家的意见，又增强了评价结果的权威性，为选拔任用机构客观评价领导者胜任力提供了理论支持。

根据各项岗位的特点，构建合适的领导胜任力模型是选拔任用测试环节的一项重要工作。领导胜任力模型的好坏，直接关系到选拔任用工作效果的优劣。

（三）选拔任用考察工作环节

选拔任用领导干部和一般考试选拔不同，更强调实际工作表现和能力。有些选拔任用考生不擅长考试，或准备不足影响考试结果，所以，仅仅通过测试环节恐难胜任。为此，选拔任用考察环节十分重要，至少要考察工作作风（含思想品德）、工作能力、工作态度三个方面。为突出考察的重要性，对选拔任用笔试、面试、组织考察等环节实行全程量化计分，考察结果所占权重应不低于笔试、面试成绩各自所占权重；也可以实行进入考察环节后，考试成绩归零，主要根据考察情况确定拟任人选；也可以将最近几年的年度考核结果量化计入总成绩。同时，还可对获上级奖励、完成急难险重任务、基层艰苦地方工作等情况进行适当加分。此外，组织上要把关定夺，可实行民主推荐分类加权计票，对不同职务层次人员的推荐票进行分类，赋予相应权重，适当加大所在单位领导班子成员推荐票的权重。党组（党委）讨论决定拟任人选时，要加强综合分析研判，注意把分数与能力、票数与实绩、个人素质与岗位要求结合起来，切实避免简单地以考试分数和推荐票数取人。

第二节　凉山扶贫队伍工作业绩考核体系与指标体系的构建

一、凉山扶贫干部队伍考核指导原则及考核体系

凉山扶贫干部队伍的考核工作要以马克思列宁主义、毛泽东思想、邓小平理论、“三个代表”重要思想、科学发展观、习近平新时代中国特色社会主义思想为指导，贯彻落实新时代党的建设总要求和新时代党的组织路线，坚持把政治标准放在首位，着眼于实现“两个一百年”奋斗目标，突出考核贯彻党中央重大决策部署，统筹推进“五位一体”总体布局和协调推进“四个全面”战略布局，贯彻落实新发展理念的实际成效，坚持严管和厚爱结合、激励和约束并重，奖勤罚懒、奖优罚劣，调动凉山各级党政领导班子和领导干部积极性、主动性、创造性，树立讲担当、重担当、改革创新、干事创业的鲜明导向。

结合上一节论述的我国干部选拔任用考核原则和标准，对凉山扶贫干部队伍的政治素质、履职能力、工作成效、作风表现等所进行的了解、核

实和评价，可以作为加强凉山各级领导班子和领导干部队伍建设的重要依据。对凉山扶贫干部考核方式主要包括平时考核、年度考核、专项考核、任期考核。考核工作要坚持下列原则：一是党管干部；二是德才兼备、以德为先；三是事业为上、公道正派；四是注重实绩、群众公认；五是客观全面、简便有效；六是考用结合、奖惩分明。凉山扶贫干部队伍考核体系主要包括以下五个方面：

（一）政治思想建设

全面考核凉山扶贫干部队伍领导班子坚决维护习近平总书记党中央的核心、全党的核心地位，坚决维护党中央权威和集中统一领导，坚持和加强党的全面领导，执行党的理论和路线方针政策，增强“四个意识”，做到“四个服从”，遵守政治纪律和政治规矩的情况；用习近平新时代中国特色社会主义思想武装头脑，坚定理想信念，坚定“四个自信”，不忘初心、牢记使命的情况；坚持民主集中制，执行新形势下党内政治生活若干准则，发现和解决自身问题，营造风清气正政治生态的情况；践行新时代党的组织路线，贯彻新时期好干部标准，树立正确选人用人导向的情况。

（二）领导能力

全面考核凉山扶贫干部队伍领导班子适应新时代要求、落实党中央决策部署、完成目标任务的能力，重点了解学习本领、政治领导本领、改革创新本领、科学发展本领、依法执政本领、群众工作本领、狠抓落实本领、驾驭风险本领。

（三）工作实绩

全面考核凉山扶贫干部队伍领导班子政绩观和工作成效。考核政绩观，主要看是否恪守立党为公、执政为民理念，是否具有“功成不必在我”精神，以造福人民为最大政绩，真正做到对历史和人民负责。考核凉山扶贫干部队伍领导班子的工作实绩，应当看全面工作，看推动本地区经济建设、政治建设、文化建设、社会建设、生态文明建设，解决发展不平衡不充分问题，满足人民日益增长的美好生活需要的情况和实际成效。考核其他凉山扶贫干部队伍人才的工作实绩，主要看全面履行职能、服务大局和中心工作的情况和实际成效。注重考核地方各级党委（党组）领导班子落实新时代党的建设总要求、抓党建工作的实绩。

（四）党风廉政建设

全面考核凉山扶贫干部队伍领导班子履行管党治党政治责任，加强党风廉政建设，持之以恒正风肃纪，推进反腐败斗争等情况。

（五）作风建设

全面考核凉山扶贫干部队伍领导班子坚持以人民为中心，贯彻党的群众路线，密切联系群众，为群众排忧解难，全心全意为人民服务的情况；结合实际落实党中央决策部署，增强人民获得感、幸福感、安全感的情况；深入改进作风，落实中央八项规定及其实施细则精神，反对“四风”特别是形式主义、官僚主义的情况；实事求是，真抓实干，察实情、出实招、办实事、求实效的情况。

二、凉山扶贫干部队伍考核指标体系的构建

通常公务员年度效能考核包括德、能、勤、绩、廉等五个方面。如果将廉洁自律方面并入德的考核里面，则分类考核体系即划分为四个方面指标体系。一般采取层次分析（AHP）考核指标体系来进行综合考核，通常分为三个层次：第一层为总指标，第二层为粗指标，第三层为具体指标。每一层赋予一个结构权重，结合各层结构指标的得分数即可计算出总指标分值。

表6.1　公务员分层考核体系表

公务员年度绩效考核体系	德	思想政治表现
		政治理论水平
		职业道德
		责任心
		竞争意识
		廉洁自律
	能	调研分析能力
		表达能力
		组织实施能力
		业务水平
		领导能力
		协作能力
		创新能力
	勤	出勤率
		工作量
	绩	工作成果
		工作难易度
		工作效率

结合表6.1的公务员分层考核体系表以及国务院扶贫绩效考核指标体系，笔者认为凉山扶贫干部人才的考核体系也应该是分层考核体系，可以划分为三层：第一层为综合考核结果；第二层为分类考核结果；第三层为具体考核结果。第二层与第三层考核体系涉及结构权重的设计，关于结构权重的设计可以采取德尔菲法、头脑风暴法以及层次分析法等方法。具体到凉山扶贫干部人才的考核体系，可以采用专家打分与部门领导打分相结合的决策办法确定结构权重大小。对于凉山扶贫干部人才的考核体系设计如下：

分类考核体系主要从四个方面开展：一是德，包括思想品德、政治意识、职业操守、廉洁自律等方面；二是能，主要包含调研分析能力、表达能力、组织实施能力、业务能力、领导能力、协作能力和创新能力等；三是勤，主要考核扶贫干部人才投入扶贫工作的时间比率和工作量大小；四是绩，主要考核扶贫工作的成效或成果。有关指标体系设计可参考表6.2。

表6.2　凉山扶贫干部人才分层考核体系表

凉山扶贫干部人才年度绩效考核体系	德（20%）	思想政治表现（考核部门打分，以下同）
		政治理论水平
		职业道德
		责任心
		廉洁自律
	能（20%）	调研分析能力（考核部门打分，以下同）
		表达能力
		组织实施能力
		业务水平
		领导能力
		协作能力
		创新能力
	勤（30%）	扶贫投入时间比（具体考核）
		扶贫工作量（具体考核）
	绩（30%）	脱贫人口数（具体考核）
		产业合作项目数（具体考核）
		劳务协作就业数（具体考核）
		引进人才培训数（具体考核）
		资金援助投资额（具体考核）

由表6.2可见，我们在凉山扶贫干部人才考核体系的第二层分类考核

结构权重设计中分别给予德、能、勤、绩的权重赋值为 0.2、0.2、0.3 和 0.3。这样的权重结构更强调了扶贫干部人才的工作积极性和工作成效，这是当前对扶贫干部人才考核的重点，也是凉山州委、州政府关注的重点。

第三节　凉山扶贫队伍绩效考核具体方法及其应用

一、凉山扶贫队伍绩效考核方法介绍

对凉山扶贫干部队伍绩效考核的方法有多种形式，除了上述通过党委政府设定考核指标体系进行第三方普查考核之外，还可以通过经济数据的数量统计分析法进行间接考核。我们可以引进数据包络分析法（DEA）对凉山州各县市的投入产出数据进行分析，从而判断凉山州各县市的扶贫绩效状况。数据包络分析法介绍如下。

通过明确地考虑多种投入（即资源）的运用和多种产出（即服务）的产生，它能够用来比较提供相似服务的多个服务单位之间的效率，这项技术被称为数据包络分析法（DEA）。它避开了计算每项服务的标准成本，因为它可以把多种投入和多种产出转化为效率比率的分子和分母，而不需要转换成相同的货币单位。因此，用 DEA 衡量效率可以清晰地说明投入和产出的组合，从而，它比一套经营比率或利润指标更具有综合性并且更值得信赖。通过对一个特定单位的效率和一组提供相同服务的类似单位的绩效的比较，它试图使服务单位的效率最大化。在这个过程中，获得 100% 效率的一些单位被称为相对有效率单位，而另外的效率评分低于 100% 的单位被称为无效率单位。因此，可以运用 DEA 来比较一组服务单位，识别相对无效率单位，衡量无效率的严重性，并通过对

无效率单位和有效率单位的比较，发现降低无效率的方法。

第一个 DEA 模型是由查恩斯、库珀和罗兹于 1978 年提出，又称为 CCR 模型。后来班克尔、查恩斯和库珀于 1984 年修改了 CCR 模型中规模收益不变的假定，改为规模收益变动的情形，称为 BCC 模型。规模效益不变的情形如图 6.1 所示。

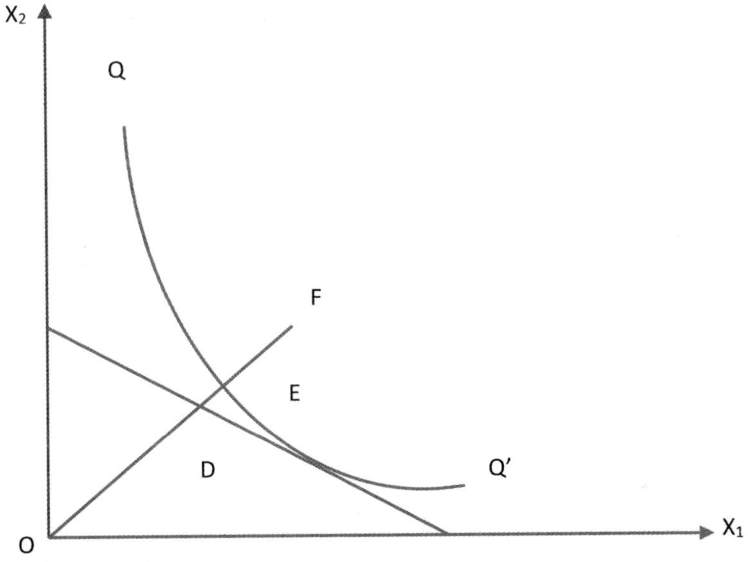

图 6.1　投入产出各类效率关系示意图

在图 6.1 中，X_1、X_2 是两种要素投入，对应一种产出，Q 与 Q’是等产量线。DEA 模型中，决策单位的相对效率在（0，1）区间内分布，处于效率前沿的决策单位效率值为 1。DEA 能计算分配效率（OD/OE）和技术效率（OE/OF），后者又可分解为规模效率（scale efficiency）和纯技术效率（pure technical inefficiency），分配效率和技术效率的乘积为总经济效率（OD/OF）。各个模型均有投入导向（Input - oriented）和产出导向（Output - oriented）两种计算形式，模型可设定为规模收益不变（CRS）和规模收益可变（VRS）。产出导向的 DEA 模型设定为给定一定量的投入要素，求取产出值最大。反之，投入导向的 DEA 模型是指在给定产出水平下使投入成本最小。发展到目前为止，DEA 模型有 CCR、BCC、CCGSS、CCW、CCWH 等，其中最具代表性的 DEA 模型有 CCR 模型、BCC 模型、FG 模型和 ST 模型。其中，FG 模型假定规模收益非递增，ST 模型假定规模收益非递减。

二、凉山扶贫队伍绩效考核方法的应用

1978 年，由著名的运筹学家查恩斯、库珀和罗兹首先提出了一个被称为数据包络分析（Data Envelopment Analysis，简称 DEA）的方法，来评价部门间的相对有效性（因此被称为 DEA 有效）。他们提出的第一个模型被命名为 CCR 模型。这一模型是基于凸分析、线性规划和生产函数理论，用来研究具有多个输入特别是具有多个输出的“生产部门”，同时为“规模有效”与“技术有效”的十分理想且卓有成效的方法。1984 年，班克尔、查恩斯和库珀给出了一个被称为 BCC 的模型。1985 年，查恩斯、库珀、格拉尼、赛福德和斯图茨给出了另一个模型（称为 CCGSS 模型），这两个模型是用来研究规模收益变化情况下的生产部门之间的“技术有效性”。1986 年，查恩斯、库珀和魏权龄为了进一步地估计“有效生产前沿面”，利用查恩斯、库珀和柯塔尼克于 1962 年首先提出的半无限规划理论，研究了具有无穷多个决策单元的情况，给出了一个新的数据包络模型——CCW 模型。1987 年，查恩斯、库珀、魏权龄和黄志民又得到了称为锥比率的数据包络模型——CCWH 模型，这一模型可以用来处理具有过多的输入及输出的情况，而且锥的选取可以体现决策者的“偏好”，可以对决策单位的效率进行排序和评价。

上述各模型基本采取分数规划形式，模型所需变量以及目标函数设定如下。

（一）定义变量

设 h_j（j = 1，2，…，n）为第 j 个单位的效率比率，这里 n 代表评估

单位的总数。

设 u_r（r=1，2，…，l）为第 r 种产出的系数，这里 l 代表所考虑的产出种类的总数。变量 u_r 用来衡量产出价值降低一个单位所带来的相对的效率下降。

设 v_i（i=1，2，…，m）为第 i 种投入的系数，这里 m 代表所考虑的投入种类的总数。变量 v_i 用来衡量投入价值降低一个单位所带来的相对的效率上升。

设 y_{rj} 为一定时期内由第 j 个服务单位所创造的第 r 种产出的实际数量。设 x_{ij} 为一定时期内由第 j 个服务单位所使用的第 i 种投入的实际数量。

（二）目标函数

目标函数是找出一组伴随每种产出的系数 u 和一组伴随每种投入的系数 v，从而给被评估的决策或服务单位最高的可能效率。目标函数也是一个效率指数。目标函数一般设定为如下公式形式：

$$h_j = \frac{\sum_{r=1}^{l} u_r y_{rj}}{\sum_{i=1}^{m} v_i x_{ij}}$$

h_j 即为效率指数，它是反映第 j 个决策单位 DMU_j 的效率大小。h_j 越大，说明决策单位 DMU_j 能够以较少的输入获得较大的输出。

（三）Charnes－Cooper 变换

由于 DEA 模型最初设定模式是一个分数规划，不便于分析；通过实行 Charnes－Cooper 变换可以得到一个等价的线性规划，即执行以下变换：

$$t = \frac{1}{v^T x_{j_0}}, \omega = tv, \mu = tu$$

则可以得到：

$$\mu^T y_{j_0} = \frac{u^T y_{j_0}}{v^T x_{j_0}}$$

$$\omega^T x_{j_0} = 1$$

$$\omega \geqslant 0, \mu \geqslant 0$$

另外，如果选择恰当的权系数 u 和 v，可以得到以下约束条件：

$$\frac{\mu^T y_j}{\omega^T x_j} = \frac{u^T y_j}{v^T x_j} \leqslant 1, j = 1, 2, \cdots, n$$

即这个函数满足这样一个约束条件，当同一组投入和产出的系数用于所有其他对比决策单位时，没有一个决策单位将超过 100% 的效率或超过 1.0 的比率。

1. CCR **模型设定（规模不变）：**

$$\max h_{j_0} = \frac{\sum_{r=1}^{l} u_r y_{rj_0}}{\sum_{i=1}^{m} v_i x_{ij_0}} = \mu^T y_{j_0} = V_p$$

$$s.t.\ \frac{\sum_{r=1}^{l} u_r y_{rj}}{\sum_{i=1}^{m} v_i x_{ij}} \leqslant 1,\ j = 1,\ 2,\ \cdots,\ n$$

$$u \geqslant 0,\ v \geqslant 0$$

其对偶模型则为：

$$\min \theta$$

$$\text{s. t. } \sum_{j=1}^{n} X_j \lambda_j \leqslant \theta X_{j_0}$$

$$\sum_{j=1}^{n} Y_j \lambda_j \geqslant Y_{j_0}$$

$$\lambda_j \geqslant 0,\ j = 1,\ \cdots,\ n$$

最优解定理：若上述线性规划的最优解 ω^0，μ^0 满足 $V_P = \mu^{0T} y_{j_0} = 1$，则称决策单位 j_0 为弱DEA有效（CCR）；若还存在 $\omega^0 > 0, \mu^0 > 0$，则称决策

单位 j_0 为 DEA 有效（CCR）。

2. BCC 模型设定（规模可变）

班克尔于 1984 年考虑到某些问题不满足规模不变的假设，提出了在规模收益可变情形下的 DEA 模型，称为 BCC 模型。该模型可以用于评估决策单位的技术效率。模型设定如下：

$$\begin{cases} \max \mu^T y_{j_0} + \mu_0 \\ s.t.\ \ \omega^T x_j - \mu^T y_j - \mu_0 \geqslant 0, j = 1, \cdots, n. \\ \omega^T x_{j_0} = 1 \\ \omega \geqslant 0, \mu \geqslant 0 \end{cases}$$

其对偶模型则为：

$$\begin{cases} \min \theta \\ s.t.\ \ \sum_{j=1}^{n} x_j \lambda_j \leqslant \theta x_{j_0} \\ \sum_{j=1}^{n} y_j \lambda_j \geqslant y_{j_0} \\ \sum_{j=1}^{n} \lambda_j = 1 \\ \lambda_j \geqslant 0, j = 1, \cdots, n. \end{cases}$$

上述模型设定是面向输入的设定方式，即决策单位在投入一定的情况下，如何实现最大产出。反之，在产出一定情况下，实现投入最小化的模型即为投入或输入导向型模型设定。具体如下：

$$\begin{cases} \min \omega^T x_{j_0} - \mu_0 \\ s.t.\ \ \omega^T x_j - \mu^T y_j - \mu_0 \geqslant 0, j = 1, \cdots, n. \\ \mu^T y_{j_0} = 1 \\ \omega \geqslant 0, \mu \geqslant 0 \end{cases}$$

其对偶模型则为：

$$\begin{cases} \max z \\ s.t. \quad \sum_{j=1}^{n} x_j \lambda_j \le x_{j_0} \\ \sum_{j=1}^{n} y_j \lambda_j \ge z y_{j_0} \\ \sum_{j=1}^{n} \lambda_j = 1 \\ \lambda_j \ge 0, j = 1, \cdots, n. \end{cases}$$

对于输出导向的 BCC 模型，其最优解定理为：

若上述线性规划的最优解 ω^*, μ^*, μ_0^* 满足 $V_P = \mu^{*T} y_{j_0} + \mu_0^* = 1$，则称决策单位 j_0 为弱 DEA 有效（BCC）；若还存在 $\omega^* > 0, \mu^* > 0$，则称决策单位 j_0 为 DEA 有效（BCC）。

对于输入导向的 BCC 模型，其最优解定理为：

若上述线性规划的最优解 ω^*, μ^*, μ_0^* 满足 $V_P = \omega^{*T} x_{j_0} - \mu_0^* = 1$，则称决策单位 j_0 为弱 DEA 有效（BCC）；若还存在 $\omega^* > 0, \mu^* > 0$，则称决策单位 j_0 为 DEA 有效（BCC）。

由于 DEA 模型具有简便易用、实用性强等特点，可以广泛用于评价相同投入的不同决策或服务单位的运营效率，包含各类民生事业单位如教育、医疗等部门的运作效率。对于扶贫干部人才以及对口援助贫困地区的扶贫绩效评估均可以采用 DEA 模型加以定量分析。通过 DEA 模型分析，可以对各地区扶贫干部人才以及对口援助各地区的扶贫工作绩效结果进行评价考核。对于对口扶贫协作的绩效评估可以选取以下变量：产出或输出变量有地区 GDP、人均收入、脱贫人数、支持就业人数；投入或输入变量有资金支持额、援派干部人才数、产业合作投资额、技能培训人数。

在运用 DEA 模型进行实际效率分析时，一般采用的数据分析软件主要有 MAXDEA、EMS、DEAP 等。本书将通过不同类型医院服务机构和安徽等五省的相对生产效率评价这两个实际数据案例来分析 DEA 模型的应用。

这两个案例将采取较为简便易行的 DEAP 软件进行分析。

3. 对安徽等五省相对生产效率的评价

以安徽等五省的全部独立核算工业企业的主要投入产出指标数据为分析对象，对该五省的生产效率进行 DEA 模型分析以对其生产效率进行合理评价。有关数据如表 6.3 所示（为简单起见，省去投入产出指标单位）：

表 6.3　安徽等五省独立核算工业企业主要投入产出指标数据

决策单位	总产值	利税总额	从业人数	流动资金	固定资产
安徽	2196.09	179.29	401.8	980.45	932.66
福建	1770.54	145.2	281.9	922.83	852.88
江西	930.22	49.76	294.2	581.64	583.08
湖北	2662.21	181.41	461	1444.3	1306.56
湖南	1659.04	144.2	443.2	849.31	936.84

引进 DEA 模型，通过软件 DEAP 运行如下：

Results from DEAP Version 2.1

Instruction file = 200.ins

Data file = 200.dta

Output orientated DEA

Scale assumption：VRS

Slacks calculated using multi - stage method

EFFICIENCY SUMMARY：

firm crste vrste scale

1	1.000	1.000	1.000	-
2	1.000	1.000	1.000	-
3	0.714	1.000	0.714	irs

4	0. 953	1. 000	0. 953	drs
5	0. 928	1. 000	0. 928	irs
mean	0. 919	1. 000	0. 919	

Note: crste = technical efficiency from CRS DEA

vrste = technical efficiency from VRS DEA

scale = scale efficiency = crste/vrste

Note also that all subsequent tables refer to VRS results

SUMMARY OF OUTPUT SLACKS:

firm output:	1	2
1	0. 000	0. 000
2	0. 000	0. 000
3	0. 000	0. 000
4	0. 000	0. 000
5	0. 000	0. 000
mean	0. 000	0. 000

SUMMARY OF INPUT SLACKS:

firm input:	1	2	3
1	0. 000	0. 000	0. 000
2	0. 000	0. 000	0. 000

3	0. 000	0. 000	0. 000
4	0. 000	0. 000	0. 000
5	0. 000	0. 000	0. 000
mean	0. 000	0. 000	0. 000

SUMMARY OF PEERS:

firm peers:

1	1
2	2
3	3
4	4
5	5

SUMMARY OF PEER WEIGHTS:

(in same order as above)

firm peer weights:

1	1. 000
2	1. 000
3	1. 000
4	1. 000
5	1. 000

PEER COUNT SUMMARY:

(i. e. , no. times each firm is a peer for another)

firm peer count：

1	0
2	0
3	0
4	0
5	0

SUMMARY OF OUTPUT TARGETS：

firm output：	1	2
1	2196. 090	179. 290
2	1770. 540	145. 200
3	930. 220	49. 760
4	2662. 210	181. 410
5	1659. 040	144. 200

SUMMARY OF INPUT TARGETS：

firm input：	1	2	3
1	401. 800	980. 450	932. 660
2	281. 900	922. 830	852. 880
3	294. 200	581. 640	583. 080
4	461. 000	1444. 300	1306. 560
5	443. 200	849. 310	936. 840

FIRM BY FIRM RESULTS：

Results for firm：1

Technical efficiency = 1. 000

Scale efficiency = 1. 000 (crs)

PROJECTION SUMMARY：

variable		original value	radial movement	slack movement	projected value
output	1	2196. 090	0. 000	0. 000	2196. 090
output	2	179. 290	0. 000	0. 000	179. 290
input	1	401. 800	0. 000	0. 000	401. 800
input	2	980. 450	0. 000	0. 000	980. 450
input	3	932. 660	0. 000	0. 000	932. 660

LISTING OF PEERS：

peer lambda weight

1　　1. 000

Results for firm：2

Technical efficiency = 1. 000

Scale efficiency = 1. 000 (crs)

PROJECTION SUMMARY：

variable		original value	radial movement	slack movement	projected value
output	1	1770. 540	0. 000	0. 000	1770. 540
output	2	145. 200	0. 000	0. 000	145. 200
input	1	281. 900	0. 000	0. 000	281. 900
input	2	922. 830	0. 000	0. 000	922. 830
input	3	852. 880	0. 000	0. 000	852. 880

LISTING OF PEERS:

peer lambda weight

2 1.000

Results for firm: 3

Technical efficiency = 1.000

Scale efficiency = 0.714 (irs)

PROJECTION SUMMARY:

variable		original value	radial movement	slack movement	projected value
output	1	930.220	0.000	0.000	930.220
output	2	49.760	0.000	0.000	49.760
input	1	294.200	0.000	0.000	294.200
input	2	581.640	0.000	0.000	581.640
input	3	583.080	0.000	0.000	583.080

LISTING OF PEERS:

peer lambda weight

3 1.000

Results for firm: 4

Technical efficiency = 1.000

Scale efficiency = 0.953 (drs)

PROJECTION SUMMARY:

variable		original value	radial movement	slack movement	projected value
output	1	2662.210	0.000	0.000	2662.210

output	2	181. 410	0. 000	0. 000	181. 410
input	1	461. 000	0. 000	0. 000	461. 000
input	2	1444. 300	0. 000	0. 000	1444. 300
input	3	1306. 560	0. 000	0. 000	1306. 560

LISTING OF PEERS:

peer lambda weight

4　　1. 000

Results for firm: 5

Technical efficiency = 1. 000

Scale efficiency = 0. 928 (irs)

PROJECTION SUMMARY:

variable		original value	radial movement	slack movement	projected value
output	1	1659. 040	0. 000	0. 000	1659. 040
output	2	144. 200	0. 000	0. 000	144. 200
input	1	443. 200	0. 000	0. 000	443. 200
input	2	849. 310	0. 000	0. 000	849. 310
input	3	936. 840	0. 000	0. 000	936. 840

LISTING OF PEERS:

peer lambda weight

5　　1. 000

上述 DEA 模型软件分析的结果中，“firm”中“1”代表“安徽”，“2”代表“福建”，“3”代表“江西”，“4”代表“湖北”，“5”代表“湖南”。由分析结果可见，安徽和福建两省的生产效率指数均为 1，都实现了 DEA 效率。江西和湖南两省的生产效率指数分别为“0. 714”和

“0.928”，均小于1，没有实现DEA效率，分析具体原因是两省的规模效率指数小于1，因此两省的工业企业规模较小，与其他省份相比有待扩大生产规模才能实现DEA效率。

综合上述，DEA模型分析法对于多投入多产出部门的效率分析是十分有效的。通过实证数据分析，可以找出某一地区或部门非效率的具体原因，从而可以制定相应的应对策略或解决办法。如果是规模非效率，解决办法就是要么扩大规模要么缩小规模；如果是技术非效率，则需要改进生产技术，提高生产效率。在具体应用中，要结合实际选择输入输出指标，并且要注意决策单位数量与输入及输出指标数的基本关系，以确保模型分析的理想效果。

通过上述案例分析可见，数据包络分析法可以对某一地区的投入产出数据进行深入剖析，从而得到相关效率指数。从上述案例分析，即可得到有关省份的规模效率指数、技术效率指数以及技术进步指数等。因此，数据包络分析法可以用于凉山州各县市的扶贫干部队伍绩效考核。通过凉山州各县市近年来投入产出数据分析，可以得到各县市近年来生产效率指数、技术引进指数和技术进步指数等，从而可以了解近几年凉山州各县市生产效率状况、技术引进状况和技术进步状况，进而间接考核了凉山州各县市扶贫队伍的扶贫绩效状况。

第四节　凉山扶贫队伍绩效提升的激励办法

为有效提升凉山扶贫干部人才的工作成效，扩大凉山扶贫干部人才的工作成果，根据上述发挥扶贫干部队伍作用的长效机制分析，相关激励保障机制的设立是必不可少的。如何有效激励凉山扶贫干部人才积极主动参与扶贫工作，在未来全面脱贫攻坚中以扶贫为主业，以贫困地区发展为出发点，发挥出“贫困不脱，何以家为”的精神呢？经过与凉山州各县市援受各方的充分交流，总结提炼出以下建议办法：

一要提高干部人才选拔任用的匹配标准，使扶贫干部人才工作满意顺心。扶贫干部人才选拔要以对口援助协作地区需求为主，以充分满足当地的干部人才不足的现状，并体现出专业性、适用性等要求。这样，既能提高凉山州各县市扶贫干部队伍的工作满意度，也能使凉山州各县市扶贫绩效快速提升。

二要高度重视扶贫干部人才的扶贫工作，做好扶贫干部队伍的后勤保障工作。凉山州委、州政府要对选派的干部人才予以充分授权、高度关爱，积极协助其扶贫工作。作为扶贫干部人才的娘家人，必须首先表现出对扶贫工作的重视和支持，而不是一派了之、漠不关心。只要这些扶贫干部人才的派出主体单位高度重视，扶贫干部人才必然会全力以赴、全心全意做好扶贫工作。

三要强化对扶贫干部队伍的工作绩效考核机制和效率。对于凉山扶贫干部人才，要坚持目标考核、综合考核，不能以偏概全、忽视每一个成绩亮光点，同时以正向激励为主、负向激励为辅。要坚持对扶贫干部人才选拔、锻炼、使用一条龙考核服务，让扶贫干部选得好、用得上、工作得放心和用心。对于干得好、全心干的干部人才要大胆使用、大胆提拔；对于为应付任务、不用心的干部人才坚决替下，实行绩效考核一票制。

四要实现激励多元化，以提高扶贫干部队伍激励的长期有效性。目前，凉山州各县市对扶贫干部队伍激励的通用办法是提拔晋升激励。这个办法对于一部分扶贫干部人才效果显著，但是对于另一部分干部人才激励不足。因此，单一使用晋升激励方式，难以保证达到最佳效果。为此，对于凉山州各县市的扶贫干部队伍的激励要实现多元化。我们提倡可以实行精神激励、文化激励以及经济激励等。精神激励，就是对扶贫干部队伍采取荣誉表彰、设置先进模范等称号以提高其精神满意度。文化激励，就是倡导宣传扶贫援助的文化氛围，通过组织文化建设以提高扶贫援助的绩效和实现对扶贫干部队伍的激励。经济激励，就是采取多种经济措施来激励扶贫干部队伍全心全意投入扶贫援助工作。此外，还可以引进其他形式提升扶贫援助干部队伍的激励效果。

第七章

凉山扶贫队伍建设的措施建议

第一节　凉山扶贫队伍工作内容及组织建设的建议

一、凉山扶贫工作内容与方法的建议

随着社会经济形势的变化，贫困地区和贫困人群内部出现分化，粗放式的扶贫方式已经不能适应当下的需求。一些基层政府将致贫原因同质化处理，未对贫困人口进行精准的识别、细化和分类，也并未对区域性社会经济环境进行客观分析，推行一概而论的问题解决方式，粗暴输血、大水漫灌，不仅浪费了政府扶贫资源，而且影响了扶贫效果。绩效考核机制缺失导致扶贫政策完善动力不足。在早期，贫困县挪用扶贫资金投入工业发展等见效快、有助 GDP 增长的行业的现象并不少见。更常见的是贫困县采取先易后难的方式推进扶贫工作，使得扶贫开发难度大的贫困人口常年得不到有效扶持。这些现象集中反映了之前扶贫工作不精不准、大而化之的缺陷。

因此，新时代下的扶贫工作需要对扶贫战略做出调整。为此，中央提出了精准扶贫方略，出台了一系列文件对其进行解读与工作安排。精准扶贫的基本含义要求扶贫政策和措施瞄准真正的贫困家庭和人口，分析致贫原因，通过有针对性的帮扶，从根本上消除这些致贫因素和障碍，从而达到可持续脱贫的目标。精准扶贫自 2013 年被提出以来，其内涵经历了不断地丰富和深化。2015 年，习近平总书记在贵州召开西部省份负责人座谈会的时候，提出“六个精准”，即扶持对象精准、项目安排精准、资金使用精准、措施到户精准、因村派人精准、脱贫成效精准。“六个精准”概括了在精准扶贫工作中从识别、帮扶、管理到考核各个层面的具体做法，是对精准扶贫工作机制的高度概括和全面解读。凉山扶贫脱贫工作也必须遵循这“六个精准”，具体说明如下：

一是扶持对象精准。扶持对象精准是精准扶贫的基础工作，毕竟要使精准扶贫有效，就必须准确地找到贫困家庭和人口，解决“扶持谁”的问题。扶持对象精准要求通过民主、科学和透明的程序以及多维度指标来将贫困户识别出来，其重点在于相对贫困群体中的贫困户识别，即在有限的贫困规模下，识别出最贫困、最需要扶持的人。目前，全国识别贫困人口的方法是在总指标控制下，由基层通过民主评议和建档立卡来识别贫困人口。中国农村贫困人口的数量是由国家统计局根据约 7 万农村住户的抽样调查数据推算出来的。2014 年底，人均消费支出或人均纯收入低于 2800 元贫困线的人口在样本中所占的比例为 7. 2%，国家统计局将这一比例乘以全国农村人口总数就估计出当年农村贫困人口为 7017 万。同样的方法，2015 年底，国家统计局以 2855 元贫困线测算的全国农村贫困人口为 5575 万。贫困人口总数的估算是客观有效的，但各个地方的贫困人口数量只能是通过总数的层层分解。在实际操作中，为了控制贫困人口的规模，以及防止地方为获得更多扶贫资源而过分夸大贫困状况，国家在贫困人口数分解到地方的时候，要求地方政府在最多上浮 10% 的指标控制下进行贫困人口识别。由于缺乏所有农户可靠的消费支出和收入数据，地方政府无法根据收入和消费支出识别贫困人口，当前主要采取民主评议的方式进行贫困识别和建档立卡。民主评议可以充分利用基层在农户信息的获取中所具备的便利条件，并且可以有效消除争议。在贫困人口的识别过程中，基层通常使用综合标准，既考虑农户的收入水平和消费状况，也考虑家庭成员的健康、教育、能力、家庭负担、财产状况等多维度的福利状况。这种方式可以相对客观地辨析贫困人口，一些地方采用类似“一看房、二看粮、三看劳动力强不强、四看家中有没有读书郎”的衡量标准，由此可知多维度贫困指标在贫困人口识别中的重要性。建档立卡工作从 2013 年开始，2015 年全国又开展了回头看，目前已经建立了完整的建档立卡信息系统，扶持对象精准工作有了很大改进，并为后续大规模的精准扶持提供了支撑。

二是项目安排精准。扶持对象识别出来并建档立卡以后，就需要根据贫困户和贫困人口的实际需要进行有针对性的项目帮扶，做到因户因人施策。具体而言，项目安排精准需要找准每个贫困家庭的致贫原因，在找准每一个贫困户致贫因素的基础上，有针对性地安排扶持项目，对家庭和个人进行有效的帮扶。全国建档立卡数据分析表明，大多数贫困户的致贫原因不止一个，是多个致贫因素综合作用的结果。考虑到致贫原因的综合性和差异性，相关扶贫部门必须采用“政策组合拳”，既将短期和长期的扶持项目相结合，也将外在推进与内生发展相匹配，最终实现项目安排精准。例如，各地对有劳动能力的贫困家庭，重点通过培训来提高能力，同时扶持家庭的产业发展和就业来增加收入。对于完全丧失劳动能力或部分丧失劳动能力的贫困家庭，则需要通过资产收益扶贫和社会保障来保证其基本生活，并通过合作医疗和大病保险（救助）来维持其基本的健康状况。对于生产和生活环境恶劣、一方水土养不活一方人的地区，则重点通过移民搬迁来解决基本生存条件的问题，并对搬迁后的生产和就业进行重点扶持。对于所有贫困家庭，都需要帮助解决儿童的营养、健康和教育问题，以阻断贫困的代际传递。

二是资金使用精准。凉山必须优化财政扶贫资金的使用和管理，这也是精准扶贫的重要支撑。在提出精准扶贫之前，扶贫资金管理制度存在种种问题。除了多头管理、缺乏有效的协调和沟通机制，以往的各类扶贫资金（包括专项扶贫资金和部门扶贫资金）的管理方式缺乏足够的灵活性，上级政府为了保证资金安全，对资金的用途、使用的方式、扶持的标准等作出了明确的规定，以致地方政府没有资金使用的自主权，加之许多扶贫项目直接到村到户，因其分散、零碎，扶贫部门甄别项目的成本较高，且缺乏实施项目的激励机制，直接导致扶贫项目效率不高，并出现项目配置不切实际、瞄准率不高、重点不突出的弊端。因此，资金使用精准旨在进一步完善我国扶贫资金管理体系，建立安全有效的监督体制，使得扶贫资金的分配、使用、拨付、财务管理、监督等都与精准扶贫的各项要求一致。这就要求将资金的分配权和使用权下放给对贫困户情况最了解的基层政府，让其根据实际情况确定项目和分配资金。2015 年中央一号文件《关于加大改革创新力度加快农业现代化建设的若干意见》明确提出“扶贫项目审批权原则上要下放到县，省市切实履行监管责任”。文件要求除中央有明确规定需要省级组织实施的竞争性项目外，所有项目审批权限一律下放到县。这次扶贫资金管理机制的改革被称为责任、权力、资金、任务“四到县”。各地以中央一号文件为纲领，出台扶贫资金管理改革方案，并从 2015 年开始将扶贫资金的使用权下放至县，并要求县一级加强涉农资金的整合，集中力量打好脱贫攻坚战。

四是措施到户精准。以往的扶贫项目不仅难以到户，到户后效果也很差，如乌蒙山片区项目总体到户率低于 30%，主要原因是贫困户面临缺技术、缺资金、缺市场信息、缺市场理念等障碍。措施到户精准与项目到户精准类似，是在考虑每个家庭的致贫原因之后采取综合性的帮扶措施。不同的是措施到户精准重在突出运作的方式与方法，而项目到户精准更关注项目载体。因此，对于措施到户精准而言，新时期的扶贫措施需要进行更精准、更有效的革新。凉山在这一方面表现突出，以产业发展为例，原本产业扶贫缺乏良好的利益联结机制，贫困户与公司、合作社和大户等现代农村经营主体共同竞争，成功的案例较少。措施到户精准要求地方政府重点探索和建立贫困户的受益机制，保证扶贫效率到贫困户。如对一部分失去劳动能力和劳动能力较弱的贫困家庭，实施资产收益扶贫项目。将贫困地区的自然资源、公共资产（资金）或农户的土地和林地等资本化或股权化，交给公司、合作社和大户等经营主体进行经营，贫困农户按照股份或特定比例获得分红收益。失能和弱能贫困户即使不参与项目的经营管理也能直接和间接受益。这种资产收益扶贫在很大程度上弥补了现有扶贫措施的不足，能显著提高扶贫到户的效率。而对于有劳动能力的贫困家庭，将贫困户纳入现代产业链中，通过企业、合作社、大户等其他经营主体带动贫困人口发展产业。经营主体提供产前、产中、产后服务，贫困人口只需要参与生产环节中相对比较简单的生产活动，这样就可以解决贫困农户经常面临的信息、技术、资金、市场等方面的困难。在移民搬迁项目中，多地采用差异化的补贴政策，增加对建档立卡贫困户的建房补贴，同时通过控制建房标准来降低搬迁成本。在安置方式上，具备基本生产和生活条件的地方则优先选择有土安置方式，对于与城镇化结合的无土安置，则提供充足的就业岗位和完善的社会保障，确保“搬得出、稳得住、能致富”。在金融扶贫中，不局限于扶贫小额信贷的形式，各地积极探索了金融扶贫的有效模式，通过信贷、保险和抵押市场的综合金融改革增加贫困户获得金融服务的能力。不断健全贫困地区金融组织体系，逐步完善金融基础设施，使得金融扶贫环境得以持续优化。

五是因村派人（第一书记）精准。精准扶贫是一项复杂的系统工程，它的成功实施需要强有力的组织保障。凉山在对口扶贫地区派出了大量扶贫干部人才，与贫困地区基层组织一起具体操作和实施大量的扶持项目和帮扶措施，而贫困地区基层组织的能力是影响精准扶贫效果的关键因素之一。由于贫困村经济和社会发展相对滞后，大量年轻人外出就业，留在村里的普遍是“老弱病残”，青壮年劳动力缺乏，基层组织队伍更新缓慢，贫困村干部呈现年龄大、文化程度低、能力较弱的基本特征，贫困村的村级治理能力处于不断弱化的状态。依靠村级组织自身的发展和建设，在短期内难以显著改善组织涣散的状态，给精准扶贫工作的落实带来了挑战。从理论上讲，通过东西部协作和对口扶贫向贫困乡、贫困村选派扶贫干部，是贫困地区基层集体治理能力的重要补充，通过这种“输血式”组织建设补充，可以在短期内大幅度提高贫困乡、村的管理水平，有利于精准扶贫工作的实施。对口扶贫帮扶制度的确立可以在多个方面促进精准扶贫工作：其一，利用扶贫干部对于精准扶贫政策的准确理解，帮助村“两委”改进贫困户的识别方法，协助解决和协调识别过程中容易出现的矛盾；其二，利用对口帮扶单位和个人的力量，从外部组织和动员更多的资源，协调各方力量，共建精准扶贫的“大扶贫”格局；其三，协助村“两委”建立有效的扶贫到户机制，深入贫困村组和农户家中进行摸底调研，准确了解贫困户需求，让贫困户真正享受到扶贫收益；其四，是作为一种外部制衡力量，可以对村级的精准扶贫工作进行有效的监督，防止人情关系、弄虚作假和腐败行为的发生；其五，在精准扶贫过程中培育贫困村干部的责任心和能力，增强贫困村的内生发展动力，对口扶贫干部撤出以后，依靠贫困村自身的能力可以让其走上可持续发展道路。

六是脱贫成效精准。精准扶贫的目的就是要使现有标准下的贫困人口到2020年全部脱贫，并且要保证扶贫成果真实可靠，具有可持续性。要达到脱贫成效精准，前面的五个精准是保障。在此基础上，还需要对脱贫效果进行科学的考核和评估，防止成果造假和贫困人口被脱贫现象的发生。国家统计局可以利用农户抽样调查数据每年对全国和各省总的减贫状况进行可靠的评估，从而为国家根据减贫效果调整扶贫政策提供决策依据，并制定相应的奖惩措施。由于样本量的限制，国家统计局无法利用抽样数据评估省以下地方政府的减贫成效，成为脱贫成效精准的一大遗憾。目前，建档立卡贫困人口的脱贫状况则需要通过独立的抽查方式来进行核查和评估，其中精准扶贫第三方评估显得尤为重要。让独立的第三方充分参与脱贫成效精准的考核，标志着扶贫开发考核进入一个新阶段，改变了以往评估主体单一的情况，建立起一种扶贫开发内部评价与外部评价结合的政府绩效评价体系，成为精准扶贫考核机制走向日趋完善的重要标志之一。第三方评估工作分为两个层面：其一，对建档立卡贫困户的脱贫的真实性进行评估，对象是建档立卡贫困户，评估标准是看是否达到了“两不愁、三保障”；其二，对贫困县和贫困村的退出进行评估，看是否达到退出标准，如贫困县的退出标准是贫困发生率低于2%，西部地区低于3%。通过第三方评估，可以进一步制定明确和可量化的脱贫标准，建立贫困户脱贫和贫困村、贫困县（区）退出工作机制，并组织和动员社会力量参与贫困的动态监测、分析和评价，实现贫困人口的动态管理，确定贫困农户调整出列的具体指标，兼顾各类致贫原因脱贫后返贫的可能性，确定合理的帮扶期限，确保到2020年，现行标准下农村贫困人口实现脱贫，贫困县全部摘帽。通过进一步明确第三方评估标准，确定明确的评估程序和相应的管理制度，使第三方评估具有合法性，并且在方法和指标可靠的情况下，才能防止“数字脱贫”“被脱贫”等问题发生。凉山对口扶贫部门必须要抓好第三方评估工作，做到使对口援助地区真脱贫、脱真贫。

二、凉山扶贫工作组织建设的建议

凉山根据中央和四川省的部署，承担下辖17个县市区域的扶贫、脱贫攻坚任务，其范围之广、任务之艰巨可想而知。目前对于所辖县市的对口援助工作模式较为成熟，成效较为显著。凉山州已经设立了对口扶贫援助领导机构，加强了对口扶贫援助工作的领导、统筹和协调力量。从对口援助协作近年来的成效看，成绩显著，但也存在较多问题，包括项目资金精准问题、扶贫可持续性问题等。凉山作为全国重点扶贫脱贫地区，在东西部扶贫中要作为全国的表率地区，必须在扶贫脱困工作中有创新性、指导性和领头性。凉山扶贫干部团队有这个作为全国表率的底气、能力和实力，但是首先要有这个意识。

如何发挥出凉山扶贫干部团队的全国表率和带头作用，笔者建议，为进一步提升凉山扶贫干部团队的集体效率，发挥集体打脱贫歼灭战的优势效率，一定要充分发挥组织的作用。为此，首先要进行组织创新，在凉山州委、州政府内成立扶贫协作联合指挥部，负责定期指导、考察、协调扶贫协作工作，进一步强化州委、州政府的联合指挥作用。扶贫协作联合指挥部成员包括州委、州政府领导、相关部门负责人、对口援助结对负责人和扶贫干部领队等。指挥部可以设立负责日常联络、协调事务的办公室，安排专人工作。

第二节　凉山扶贫队伍建设和管理的机制建议

中组部陈希部长在 2017 年 11 月曾刊文提出当前我党选人用人要具体把握 5 个“政治标准”。文中列出的 5 个政治标准，分别为政治忠诚、政治定力、政治担当、政治能力及政治自律。这是对我党使用干部标准的最好诠释，也是我党各级干部行为的重要参考指南。习近平总书记在 2018 年 7 月的全国组织工作会议讲话中指出，要贯彻新时代党的组织路线，建设忠诚干净担当的高素质干部队伍是关键，重点是要做好干部培育、选拔、管理、使用工作。我们对总书记的组织思想必须要深刻领会、深入学习，要全面贯彻落实到各级干部的建设和管理工作中。为此，要做好以下几个方面：

一是要建立源头培养、跟踪培养、全程培养的素质培养体系，教育引导干部加强党性修养、筑牢信仰之基，加强政德修养、打牢从政之基，严守纪律规矩、夯实廉政之基，健全基本知识体系、强化能力之基，增强干部素质培养的系统性、持续性、针对性。

二是要建立日常考核、分类考核、近距离考核的知事识人体系，强化分类考核，近距离接触干部，使选出来的干部组织放心、群众满意、干部服气。要建立以德为先、任人唯贤、人事相宜的选拔任用体系，坚持好干部标准，把政治标准放在第一位，坚持五湖四海、任人唯贤，广开进贤之路，坚持事业为上、以事择人、人职相适。

三是要建立管思想、管工作、管作风、管纪律的从严管理体系，加强全方位管理，加强党内监督，建立崇尚实干、带动担当、加油鼓劲的正向激励体系，树立体现讲担当、重担当的鲜明导向。要真情关爱干部，帮助解决实际困难，关注身心健康，对基层干部特别是困难艰苦地区和奋战在脱贫攻坚第一线的干部要给予更多理解和支持。

在领会上述思想的基础上，通过与有关对口援助省区扶贫干部的访谈交流，我们认为要确保广大扶贫干部放心大胆工作，就必须要确立一套选拔、锻炼和使用干部一条龙机制，要完善扶贫干部选拔任用考核机制，坚持好中选优、优中选强，抓好未来扶贫干部人才选派工作。要坚持目标考核、综合考核，不能以偏概全、忽视每一个成绩亮光点。要坚持扶贫干部选拔、锻炼、使用一条龙服务，让扶贫干部选得好、用得上、工作得放心和用心。

凉山州作为少数民族聚居地区，不仅在扶贫干部考核上要遵循上述具体原则，还要在扶贫干部选任上认真领会和吸收中央确定的干部任用原则和精神。凉山州于 2017 年 6 月出台了《关于在脱贫攻坚一线培养选用“好干部”的实施意见》，即从重要意义、指导思想、工作目标、总体要求、工作机制、责任落实等六个方面作出了具体要求，以实现选人用人导向促进干事创业导向，激励更多干部投身脱贫攻坚主战场。结合中央干部选任基本原则和最新干部任用精神以及凉山州彝族聚居区的具体情况，建议在凉山州扶贫干部选任上要坚持以下具体举措：

一是坚持导向引领。建立“凡提必下”制度，州、县市部门凡拟提拔科级领导职务的干部，原则上都要有两年以上乡镇基层等一线工作的经历。后备干部、递进培养干部人才以及试用期满的新录用公务员，原则上都要逐步安排到基层一线挂职、任职补齐短板。

二是坚持统筹选派、择优比选。建立统筹选派制度，采取组织推荐、个人自荐相结合的方式分批选派干部，综合考虑单位工作需要与选派需要，兼顾人选经历、专业和态度等因素，由党委（党组）集体研究提出选派人选，报组织部门择优比选确定。

三是坚持全面深入考核。建立考核评价制度，重点考核工作实绩、工作作风和群众口碑，重点关注脱贫攻坚工作开展情况和取得成效。定期对脱贫攻坚一线干部队伍进行综合分析研判，以脱贫攻坚成效主导干部选用方向。

四是坚持注重实绩和有效激励。建立多元激励制度，对表现优秀、实绩突出的乡镇干部、驻村第一书记、计生禁毒防艾专职副书记，年度考核优先评定为“优秀”等次；优先推荐上级表彰表扬；优先推荐担任党代表、人大代表、政协委员；优先推荐纳入后备干部管理，优先提拔重用。坚持定期表扬制度，每年定期评选表扬脱贫攻坚一线表现优秀的干部。

五是坚持从严管理、强化制度建设。建立问责惩戒制度，实行脱贫攻坚一线干部动态管理、动态评价、动态监督制度。对长期在脱贫攻坚一线工作实绩突出的干部及时提拔重用；对认识不到位、精力不集中、作风漂浮、工作不力、不称职的干部视情况进行批评教育、诫勉谈话、组织调整；对完不成任务甚至弄虚作假、欺骗组织的严肃问责，不予提拔重用。

六是坚持实事求是、宽严相济。实行容错免责、纠错提醒、澄清保护制度，注意保护作风正派、敢作敢为、清正廉洁、锐意进取、原则性强、不怕得罪人的干部。对坚持原则、敢作敢为、成效显著的扶贫干部要坚决支持、大胆提拔任用。对在工作中遇到问题和面临风险挑战的情况，要支持鼓励和排忧解难，切实解决扶贫干部工作中的难题。

除了上述扶贫干部选任机制举措外，建议凉山在扶贫干部人才考核上要积极创新、采取第三方考核（组织部委托），并完善实现以下考核机制：一要注重日常工作、生活等考核，不能忽视细节；二要注重分类考核，不能千篇一律、同一个标准，对于不同的工作领域要采取切合实际的考核标准；三要注重近距离考核，只有面对面考核，才能增进了解，避免道听途说、偏听偏信，也才能获得考核的第一手资料；四要注重大数据考核，也就是利用现代信息技术手段，通过综合信息考核，才能全面考核扶贫干部人才。

第三节　凉山对口援助扶贫队伍工作方式的建议

凉山州作为全国重点贫困地区之一，受到了中央的高度关注和兄弟省市的大力支持，根据中央的统筹安排，发达省市对凉山州开展了对口援助脱贫攻坚工作。针对凉山州对口援助扶贫干部人才在全面脱贫攻坚的关键时期如何做好扶贫协助工作，通过对凉山州各县市对口援助扶贫的调研情况，结合全国其他贫困地区的对口援助协作工作情况总结，我们对凉山对口援助扶贫队伍工作方式提出如下建议：

一是对口援助扶贫干部人才要深入到贫困县、贫困乡、贫困村、贫困户一线，要与贫困人口打成一片，切实了解贫困人口的生活状态、思想意识和发展困难，只有这样才能抓住贫困痛点，对症下药，药到病除。通过深入贫困一线，为开展劳务协作和产业扶贫奠定了坚实基础。例如，广东省佛山市高明区自2016年结对帮扶木里县以来，通过深入贫困地区调查走访，高明区把深化两地劳务协作当作重要帮扶举措，到2020年6月，累计招收920名木里籍务工人员到高明区就业。同时，高明区依托博窝乡野生菌种植等产业扶贫项目，带动113名建卡户就近就业。在此期间，由政府部门和社会力量举办的各类型培训和交流活动贯穿劳务协作全过程，包括语言文字培训、劳动技能培训、文化习俗培训等，既提升了务工人员业务技能和收入，也帮助其更好更快融入当地生活。

二是要继续强化做好智力帮扶和人才援助工作，加大对口援助的“组团式”教育、医疗援助力度，强化专业人才培养，发挥好对口援助干部人才智库专家团作用。例如，广东省佛山市不仅加大财政援助和社会帮扶资金力度，持续推动劳务协作和产业合作发展，对凉山的智力帮扶和人才援助也在持续深入。佛山市对口帮扶凉山州的4年时间里，229名贫困家庭学生到佛山接受优质的中职教育，近2万贫困劳动力到佛山市务工就业，57家佛山市企业到凉山投资兴业，佛山、凉山两地487家企业、学校、医院、村社结成了帮扶对子。2020年初，佛山市新轮换选派了17名扶贫协作干部、25名支教教师奔赴凉山。同时，佛山市正在启动农业科技、工程建设、环保、文旅等专业技术人才的选派工作，加强对当地专业技术人才的培训指导。

三是要全方位拓展援受两地产业合作，继续动员和引导对口支援地区企业和社会力量到受援助地区投资兴业，大力发展高附加值特色农业发展，支持做大做强文化、旅游等优势产业，促进农牧民增收致富。要把生态保护放在对口支援的重要位置，大力发展绿色产业，实现扶贫开发与生态建设共赢，努力让当地群众在守护好本地自然环境中实现稳定脱贫。例如，佛山市在帮扶凉山的过程中，依托当地丰富的林业、农业资源，与凉山共建20个州级现代农林业产业园区，涵盖蔬果、花卉、养殖、中药材等各类产业。此外，佛山、凉山两地通过共同助力畅通国内大循环，加强生产、流通、消费各环节对接。依托凉山自然资源禀赋，借力佛山资本、市场、信息、科技等优势，开发好凉山生态旅游、绿色农业等资源，积极构建广东企业+凉山资源、广东市场+凉山产品、广东总部+凉山基地等多种合作模式，实现双方资源互补、合作共赢，推动对口扶贫协作向全面战略合作转变，巩固脱贫攻坚成效。

四是要进一步完善对口援助工作对接机制、有效实现“六个精准”，共同加强对重点工作、重点项目督办督查，确保项目资金与当地的优势资源精准对接，把每个项目都一一落实。在佛山、凉山对口扶贫协作工作部署中，禅城区对口帮扶昭觉县、普格县和布拖县，南海区对口帮扶甘洛县、越西县、喜德县，顺德区对口帮扶美姑县、雷波县、金阳县，高明区对口帮扶木里县，三水区对口帮扶盐源县。五区因地制宜，从消费扶贫、产业扶贫、劳务协作、人才帮扶等领域与凉山当地开展密切合作，携手探索出佛山、凉山特色的脱贫攻坚之路。综合上述，佛山、凉山双方在中央大力倡导和关注下开展了全方位、多层次、宽领域的扶贫协作，取得了丰硕成果。

参考文献

1. 马克思．资本论（第一卷）［M］．北京：人民出版社，1961.

2. 阿比吉特·班纳吉，埃丝特·迪弗洛．贫穷的本质：我们为什么摆脱不了贫穷［M］．北京：中信出版社，2013.

3. 阿马蒂亚·森，于真、任赜译．以自由看待发展［M］．北京：中国人民大学出版社，2002.

4. 凯蒂·加德纳、大卫·刘易斯，张有春译．人类学、发展与后现代挑战［M］．北京：中国人民大学出版社，2008.

5. 庞巴维克．资本实证论［M］．北京：商务印书馆，1983.

6. 约翰·斯图亚特·穆勒．政治经济学原理［M］．北京：华夏出版社，2017.

7. 白增博．新中国70年扶贫开发基本历程、经验启示与取向选择［J］．改革，2019（12）．

8. 常艳杰．当前中国民生问题研究［D］．河北大学，2009.

9. 曹军会，何得桂，朱玉春．农民对精准扶贫政策的满意度及影响因素分析［J］．西北农林科技大学学报（社会科学版），2017，17（4）．

10. 国家行政学院经济学教研部．中国经济新方位［M］．北京：人民出版社，2017年2月．

11. 国家统计局．2018年中国统计年鉴［M］．北京：中国统计出版社，2018年9月．

12. 郭佩霞．民族地区反贫困目标瞄准机制的建构——基于凉山彝区的分析［J］．农村经济，2008（5）．

13. 郭庆松. 领导干部公开选拔实施中存在的问题及对策［J］. 中国行政管理，2010（7）：12.

14. 胡黎. 公务员结构化面试测评信效度实证研究［D］. 重庆大学，2008.

15. 何婷. 胜任力视角下党政领导干部公开选拔模式研究［D］. 湖南大学，2008：23.

16. 何琪. 公选视野中我国人才测评应用主要进展及发展趋势［J］. 社会科学论坛（学术研究卷），2009（5）：21－22.

17. 李宏. 推动西藏科学发展社会和谐的重点难点问题研究［M］. 西藏：西藏人民出版社，2012.

18. 李海金，贺青梅. 改革开放以来中国扶贫脱贫的历史进展与发展趋向［J］. 中共党史研究，2018（8）.

19. 李晓明. 贫困代际传递理论述评［J］. 广西青年干部学院学报，2006，16（2）.

20. 李明斐. 公务员胜任力模型的构建与检验研究［D］. 大连理工大学，2006：21－23.

21. 李海燕. 就业是民生之本［M］. 河南：中原农民出版社，2006.

22. 李木洲. 我国公开选拔党政领导干部制度创新探究［D］. 华中师范大学，2010：12－13.

23. 李咏丰. 从“民本”到“民生”——论孙中山的民生主义思想［J］. 呼兰师专学报，1999（4）：16－20.

24. 刘小珉. 农户满意度视角的民族地区农村扶贫开发绩效评价研究——基于2014年民族地区大调查数据的分析［J］. 民族研究，2016（2）.

25. 刘小珉. 民族地区反贫困70年的实践和启示——基于民族交往交流交融视角［J］. 贵州民族研究，2019（11）.

26. 刘裕国，王明峰，孔祥武，宋豪新. 调查：377名“最能打的”

扶贫干部被提拔重用［N］．人民网，人民日报，2018 年 4 月 27 日．

27. 林凌．凉山州各级扶贫干部实现全覆盖培训［N］．四川日报，2018 年 12 月 21 日．

28. 赖婧．进一步完善领导干部公开选拔制度［J］．企业家天地（理论版），2011（2）：12－14.

29. 牛治富等．中国特色西藏特点发展路子研究［M］．西藏：西藏人民出版社，2012.

30. 吴瀚飞．中国公开选拔领导干部制度研究［D］．中国社会科学院研究生院，2001：22－25.

31. 吴芳，尹德志．系统论视角下的中国农村贫困问题解读［J］．世界农业，2015（2）．

32. 王济萍．完善公开选拔领导干部制度的研究与探索［J］．山东教育学院学报，2001（1）：75－78.

33. 王江红．当前干部公开选拔中的问题及其对策［J］．理论学刊，2003（5）：114.

34. 王春萍，刘玉蓓，王满仓．可行能力贫困理论及其衡量方法研究［J］．生产力研究，2006（9）．

35. 杨鸿．民族地区公开选拔领导干部的影响因子及制度创新研究［D］．云南师范大学，2008：22－24.

36. 杨毅，张琳．环渝连片特困区精准扶贫效益评价及增进策略——基于 SEM 模型的实证分析［J］．西南大学学报（社会科学版），2017，43（5）．

37. 钟晓华，赵小燕．基于可行能力理论的福利测度实证研究述评［J］．湖北经济学院学报，2014，12（3）．

38. 张曼．农村社会保障——关注农村民生问题［M］．北京：中国社会出版社，2007.

39. 张琳，童翔宇，杨毅．湘鄂渝黔边民族地区精准扶贫效益评价及增进策略——基于结构方程模型的实证分析［J］．贵州民族研究，2017，38（1）．

40. 中共中央办公厅，中组部．《党政领导干部考核工作条例》．

41. 中共中央办公厅，中组部．《党政领导干部选拔任用工作条例》（2019）．

42. 张晓佳，谷栗，宋玉丽，董雪艳．以公众满意度为导向的政府精准扶贫绩效评价研究——基于山东省的调查问卷分析［J］．经济论坛，2017（8）．

43. 张丽丽．公开选拔领导干部制度研究［D］．安徽大学，2012：13－15.

44. 曾双．公开选拔党政领导干部制度研究［D］．南京理工大学，2008：32－35.

45. 2014—2018 年凉山州国民经济和社会发展统计公报［R］．凉山州统计局官网，2019，02.

46. 2019 年凉山州政府工作报告［N］．凉山日报，2019 年 1 月 30 日．

47. 2020 年凉山州政府工作报告［N］．凉山日报，2020 年 6 月 8 日．

48. Barabanshchikova, V. A. & Koltsova, V. A.（1989）. Psychology in China: History and the present status. Soviet Journal of Psychology, 10, 116－124.

49. Burns, J. P.（2007）. Civil Service Reform in China. OECD Journal on Budgeting. 7,（1）, 57－82.

50. Cai, W. W.（2010）. An elementary introduction to improvement and developing trends in the system of public selection of officials. Decision-making and Consultancy Newsletter, 3, 63－68.

51. Central Organization Department（COD）,（2000）, Recommendations for Establishing a Public Announcement System for Party and Governmental New Appointee Pre-appointment（关于推行党政领导干部任前公示制的意见）. Beijing: Renmin Press.

52. Chou, B. J. P. (2005). Implementing the Reform of Performance: Appraisal in China's Civil Service. China Information. 2005 vol. 19 (1): 39-65.

53. Jha Raghbendra, Bhattacharyya Sambit, Gaiha Raghav, et al. Capture of Anti-poverty Programs: An Analysis of the National Rural Employment Guarantee Program in India [J]. Journal of Asian Economics, 2009, 20 (4): 457-463.

54. Lan. X. Y. (2004). Study of the reform and improvement of the system of public selection in China. Unpublished doctoral dissertation, Central Party School, Beijing.

55. Schmidt, F. L., & Zimmerman, R. D. A counterintuitive hypothesis about employment interview validity and some supporting evidence. Journal of Applied Psychology, 2004, 89: 553-561.

后　记

为深入学习贯彻习近平总书记关于扶贫工作的重要论述特别是习近平总书记关于凉山少数民族地区脱贫攻坚工作的重要指示精神，中国工人出版社策划了“十三五”国家重点图书出版项目“凉山少数民族地区脱贫攻坚模式研究丛书”，本书作为该出版项目的系列图书之一，由中国少数民族经济发展协同创新中心（省部共建）负责相关研究和写作工作。

本书在分析凉山少数民族地区扶贫工作面临的新形势、新要求和新机遇的基础上，指出了凉山少数民族地区扶贫工作的新趋势和新方向。通过进一步论述凉山少数民族地区扶贫队伍建设现状及影响因素，有针对性地提出了凉山少数民族地区扶贫队伍建设以及工作优化的一系列建议措施。

由于受新冠肺炎疫情的影响，本书的写作和数据收集受到了较大影响，本书的部分章节是结合本人之前的研究成果写作而成。本书的顺利出版得益于凉山州委、州政府的高度重视和鼎力支持，没有凉山州委、州政府提供的基础资料，本书的论述分析和成稿犹如无米之炊，是难以实现的。在本书出版之际，特向为本书写作提供资料并进行审定的凉山州委、州政府各部门及相关工作人员表示感谢。

本书的论点以及分析论述有不当之处，责任由作者承担，也敬请各位读者批评指正。

王桂胜

2020 年 12 月